能
识人
会兑舌

一本书搞定职场社交

汪洋 余安 著

电子工业出版社·
Publishing House of Electronics Industry
北京·BEIJING

内容简介

为什么一见老板就结巴？

为什么别人甩锅，你来背？

为什么明明有理，却还是错？

为什么其实不愿意，却怎么都说不出口？

……

这些在职场中我们经常遇到的尴尬情况，问题看似浮于言语，其实本质源自心理。

口从于心，脱离了心理去讲沟通，无异于"无本之木"。先识人，后沟通。本书基于美国斯坦福大学热门的 MBA 心理学课程"九型人格"，结合作者在十几年工作中的沟通实践案例编写而成。希望能帮助你学会"能识人，会说话"，从没人理你到人人挺你。

图书在版编目（CIP）数据

能识人，会说话：一本书搞定职场社交/汪洋，余安著. —北京：电子工业出版社，2022.5

ISBN 978-7-121-43513-3

Ⅰ. ①能… Ⅱ. ①汪… ②余… Ⅲ. ①人际关系学－通俗读物 Ⅳ. ①C912.11-49

中国版本图书馆CIP数据核字（2022）第086753号

责任编辑：张月萍　　　　特约编辑：田学清

印　　刷：三河市良远印务有限公司

装　　订：三河市良远印务有限公司

出版发行：电子工业出版社

　　　　　北京市海淀区万寿路 173 信箱　　　邮编：100036

开　　本：880×1230　1/32　　印张：6.875　　字数：206 千字

版　　次：2022 年 5 月第 1 版

印　　次：2022 年 5 月第 1 次印刷

定　　价：59.00 元

凡所购买电子工业出版社图书有缺损问题，请向购买书店调换。若书店售缺，请与本社发行部联系，联系及邮购电话：（010）88254888，88258888。

质量投诉请发邮件至 zlts@phei.com.cn，盗版侵权举报请发邮件至 dbqq@phei.com.cn。

本书咨询联系方式：010-51260888-819，faq@phei.com.cn。

我写这本书的机缘，来自朋友余安的一次"灵魂拷问"。

"汪洋，你和那么多人说过话，能用一句话总结'说话'的秘诀吗？"

这个问题引发了我对"说话"这件事的深思。

我从2007年创立深圳读书会，至今已举办过3028场文化活动。粗略算来，这15年里，从几十人的读书沙龙，到数千位听众的文化演讲，我的说话对象可能有几十万人了，期间还曾有幸和蔡志忠、吴晓波、余秀华、郝景芳等老师同台对话。

作为一个普通的"85后"，我的家境普通、学历普通，更令人绝望的是，我的颜值也普通。在这样的情况下，我是如何做到在打工时拿下百万元订单、在创业时拿下千万元投资的呢？

回想起来，也许就是托了"说话"这个技能的福。

见什么人，说什么话。

在这个社交大爆炸的时代，这句老话可能更像一种褒奖。因为面对不同的受众，只有采取不同的沟通方式，才能更有利于信息的有效传递。举个例子，在职场中你是否遇到过这种情况：向领导汇报时说了一堆，结果领导不耐烦地甩出一句"你到底想说什么"。

他为什么会不耐烦呢？为什么会听不懂你说的话呢？怎样才能让他听下去呢？

这就需要先了解他是怎样性格的一个人，再去想用怎样的方式说话会更有效。

我想，"见什么人，说什么话"，这句我们说了数百年的老话已经将"说话"的秘诀总结到极致了。针对不同性格的人，就应该用不同的交流方式。只有先识人再说话，才能有的放矢。

而在写这本书的时候，针对经常听到的朋友们的一些职场吐槽，结合我在工作中多年积累的识人与沟通经验，我梳理了38个场景案例及实战对策，同时感谢余安为本书融入的27条心理学技巧，让实践和理论有趣并有效地结合起来，为本书添色不少。本书采取了故事、对话、图画的呈现形式，希望能让"说话"这件事更生动些、更轻松些。

不得不说的是，感谢"说话"这个技能，让我这个普通青年也曾走上哈佛大学的舞台，成为哈佛大学 SEED 2016 社会创新组织的议事长，也曾多次代表深圳参加四城市论坛做主题分享，以及在深港城市双年展上演讲，甚至后来成为凤凰卫视、深圳广播电台的常驻嘉宾。

而"说话"这件事，我相信你也能做到。

　　以书为媒，希望通过学会这本书中的"说话"技巧，你能轻松面对"说话"这件事，学会"见什么人，说什么话"。祝未来的路上，"说话"这件事能为你的工作带来新的起色，让你走向更大的世界。

　　　　　　　　　　　　　　　　　　　　汪　洋

　　　　　　　　　　　　　　　　　　　2022 年春

目　录

序章　写给所有不想上班的人

汪小白是我老家的一个远房表妹，以前也曾是一个古灵精怪的小神童，万万没想到这些年一路蹉跎下来，她从一个初出茅庐的职场小丫头，变成了不好定义的"斜杠老阿姨"。

一次说走就走的辞职

自从一次说走就走的辞职（且不含旅行）后，算起来，汪小白已经快两年没上班了。本来一开始只是打算先任性两个月再找工作，但没想到家里的钟可能和公司的不太一样，一任性就任性了两年，且越任性越不想上班。

回想起 2010 年 7 月，汪小白毕业后开始上班生涯的第一个月，在某个加班的深夜，回家打开冰箱，喝下一罐冰啤酒时，突然想起："天啊，这个夏天居然没有暑假了。"

然后好像在不知不觉中，转眼就过了十个没有暑假的夏天。

直至 2020 年，恰巧也是在 7 月，汪小白办完离职手续的那一天，回家打开冰箱，同样喝下一罐冰啤酒时，突然报复性地想起："哼哼，以后天天都是暑假！"

回想上了近十年的班，混过娱乐圈，倒过土特产，开过奶茶店，后来转行到互联网圈里"浪"，在业内某知名企业上班，直至在"帝都"买了房，安了家，也算一个普通青年的普通人生按部就班地走上正轨。

做了多年商务工作，见了形形色色的人和事，难免心生疲惫。一开始离职只是想给自己放个假，但在家里待了两个月后，幡然醒悟：在职场中翻云覆雨算得了什么，能躺平在家里当"废柴"才是人生巅峰！

但与此同时，汪小白也觉得这个问题颇为有趣：我们为什么不想上班？于是，带着这个问题，一时冲动地跳进了心理学的大坑，没想到越陷越深，直至后来去考了心理咨询师。

然而，近两年里一直没有回去上班，仿佛这个问题通过心理学也无法得到临床验证性的答案，于是顿生一种上当受骗的感觉。

道理我都懂，可我就是不想上班。

我们为什么不想上班？

想上班的人，总是相同的；但不想上班的人，却各有各的心塞。

就像不同的心理学流派会给出不同的说法：荣格也许会说这是因为想摆脱"集体无意识"，阿德勒也许会说这是由于"自尊情结"导致的缺乏社会兴趣，经常被用来"装腔"的弗洛伊德也许会说这是一个"自我"与"本我"的对抗过程，脑洞大点或许还可以再往泛性论上扯，比如这只是一种潜意识里的性自卑导致的……

汪小白想来想去，与其过深地探讨"我们为什么不想上班"这样的话题，不如想想如何能够帮大家更轻松地上班。学过心理学知识，再结合之前在做商务工作时为人处世的经验，想想还是写写"九型人格"可能对大家更有帮助。毕竟相比心理学高深莫测的理论性"屠龙之术"，这种实用性的心理学，可能更有助于在职场中"人挡杀人，佛挡——与佛谈和"。

很多时候，我们"鸡血"满满地上班，只是因为喜欢一件事，而"狗血"满满地辞职，却往往是因为讨厌一个人。

不对，可能还不止一个。

而你在了解了"九型人格"之后，可以更好地了解别人，也许就没那么讨厌他们了。当然，还有很大可能是你更加讨厌他们了，那么恭喜你，"九型人格"同样可助你知己知彼，搞定他们。

如果上班是一种必选，如果相互厌恶无法避免，那么就想想怎样降低沟通成本，从而更轻松地上班，更早地下班，更多时间在家里躺平吧。于是，汪小白作为一个做了八年商务工作、研究了两年心理学的"半老司机"，怀揣着这样"普渡众生"的心理，写了这本心理学书，希望可以帮大家一解上班之苦。

但一想到我们这些不爱上班的"懒货"，很可能像汪小白当年一样，看到"心理学"这三个字就忍不住想弃书，便借助老禅师的"梗"，尝试以青年和大师对话的形式，尽量把"九型人格"讲得有趣生动些，同时结合以往工作中遇到的一些真人真事，让本来就很好用的九型理论更直白、更接地气。

希望大家在看段子的过程中，顺带也能一窥"九型人格"的本质，让上班轻松起来。

或者希望大家在了解"九型人格"的同时，或在深夜吃着泡面加班之余，至少还能看看段子有益身心。

最重要的是，希望大家通过这本书，让汪小白可以继续在家里躺平一阵子。

据"九型人格"来说，关于躺平这件事可能是这样的：

1号完美型坚持，不仅我要躺得很平，而且每个人都必须躺得像我一样平。

2号助人型觉得，先帮每个人都满意地躺平，我才能躺平。

3号成就型会想，我要将躺平这件事做到最优秀，成为躺平界的标杆。

4 号浪漫型可能会感叹，躺平原来这么寂寞、这么凄美。

5 号理智型一直在研究，究竟怎样躺才是最平的。

6 号怀疑型认为，躺平之前必须做好各种风险预案，万一地震来了怎么办。

7 号享乐型迅速开始尝试各种角度花式躺平，甚至躺成罗锅都感觉是平的。

8 号领袖型认为，自己有责任找到最佳地点，带领所有人一起躺平。

9 号和谐型则表示，大家躺我就躺，大家不躺那我也不躺了，毕竟大家平才是真的平。

想了解自己是哪种人吗？想了解别人是哪种人吗？

那就让我们一起搞定"九型人格"，让上班轻松起来，让自己有更多的时间可以在家越躺越平。

九个讨厌的人

"我这次说走就走，这班上得太恶心了，我是不是上辈子毁灭了银河系，被罚和这些人一起工作！"

在一个万恶的周一深夜，在三十多度的盛夏里，伴随着空调的罢工，"加班党"汪小白怒摔键盘，毅然决定以暴制暴，以罢工对抗罢工。

有时一天不顺，就感觉全世界都在跟你作对。

一大早上就被领导侯茜临时拉来开"挑骨头大会"，本来客户都已经通过的方案，她非觉得还要再有"追求"点。汪小白听着就火大，熬了几个通宵才把方案搞定，怎么说改就改！可还没来得及反抗几句，同组小伙伴就一口应下来了，这个没骨气的人。

结果只好拿着修改意见，找设计部沟通。果然，首席设计师 David 十分不愿意，从美学制高点上提出反驳。真当自己是"达·芬奇"吗？这是卖产品，又不是搞创作！

除了设计改，产品也要改，找到产品部的接口人，那个号称史上最难沟通的接口人，汪小白使出"洪荒之力"，好不容易才把设计部、产品部都搞定，大家勉强答应修改。

没想到刚出差回来的客户部经理突然闻风而至。他跳出来就说："既然客户都通过了，设计、产品这么多人都觉得没必要，为什么要改？！"

在他的带领下，一众人等又组成了战略同盟，团结一心表示抵制。

"怪我咯，有意见你们找上面抗议去啊！"汪小白的耐性已

"爆表"。

"什么态度，难不成还是我们的问题吗？！"客户部经理也火了。

现场一阵烽烟滚滚，广大群众默默地在一旁用迷之微笑对汪小白表示"呵呵"。

好在最后总算有人出来打了圆场，各退一步，定为汪小白先细化修改方案，大家根据具体的修改工作量再评估和沟通。

于是，在这个攒了一肚子气的周一深夜，塞了一肚子加班泡面的汪小白，只好先孤军奋战。其实不光是加班，导致汪小白一肚子气的还有下午的一封邮件：另一个组的项目经理 Copy 姐，居然比自己先晋升了。那个"心机鬼"，除了会表忠心、会邀功还会什么，太没天理了。

而就在这火气已突破天际的灼热夏夜里，跟行政部报修过一万次的空调，任性地给出致命一击，突然就罢工了。一天都不顺的时候，就像撞翻了咖啡桌，一个"杯具"接一个"杯具"地咣咣往下掉。

想到明天还有部门聚餐，汪小白更是一阵烦躁。平时只用时不时见一两个讨厌的人，聚餐就是这拨讨厌的人都到齐了。

为什么连空调都可以说不干就不干，我就非得在这加班呢？！

汪小白决定"暴走"了，人生不一定非要有一场说走就走的旅行，但至少可以有一场说走就走的辞职。

初遇老禅师

"上个班，怎么这么烦？"

带着这个问题，在一个万恶的周一深夜，普通青年汪小白，翘班走上取经之路。据说在一座山里，有一座庙，庙里有个老禅师，可以指点迷津，一解上班之苦。

老禅师主张，上班原本是件简单的事。

汪小白决定，去看看他打算怎么骗我。

汪小白：大师，听说您主张上班是件简单的事，对吧？

老禅师：是的。上班，如履平地。

汪小白：少骗我了，上班是全世界最糟心的事了……

老禅师：是上班糟心，还是上班遇到的人糟心？

汪小白：可以多选吗？

老禅师：不要这么贪心……说说看，都怎么糟心了？

汪小白：工作本来就累，有些人还看着就烦，是不是没救了？

老禅师：别担心，他们看你也烦。

汪小白：那怎么办？您不是说可以让上班简单起来吗？

老禅师：当然，只要参考攻略，就能让上班变得简单。

汪小白：真有这样的攻略吗？

老禅师：嗯，有一套"九型真经"，可以帮施主化解人际烦恼于无形。

汪小白：听上去怎么那么不靠谱啊，跟家传秘方似的……

老禅师：好吧，其实是西方应用心理学的一个分支"九型人格"，还是挺科学的。

汪小白：大师还懂这……学贯中西啊……

老禅师：中西医结合疗效好。说说看，上班都讨厌谁啊？

汪小白：要不您问问不讨厌谁……一个"处女座"的老大，我就是集齐 999 个客户好评，她还是不会点个赞；一个扯后腿的队友，不管多恶心的需求，他永远不会说"不"；设计师不是以为自己是画家，就是以为自己是思想家；这还不说产品部、客户部的那些人，更是奇葩。

老禅师：按照"九型人格"的观点，你遇到的所有人，都逃不出九种类型。比如，你的领导可能就是 1 号完美型，还有不会说"不"的小伙伴，有可能是 2 号助人型。另外，还有 3 号成就型，4 号浪漫型，5 号理智型，6 号怀疑型，7 号享乐型，8 号领袖型，

9 号和谐型。不同类型的人，就会有不同的处事作风。

汪小白：这个世界上有这么多人，难道只有九种类型吗？

老禅师：是的，只有九种。而且只要你确定了对方是哪种类型，就能知道他是怎么想的，了解他为什么这么做。

汪小白：这么神奇？

老禅师：是的，"九型人格"心理学是斯坦福大学的 MBA 必修课程，也美国中情局的专用识人指南，很多 500 强企业也用它来做内部培训，这些背景材料你可以在网上搜到。

汪小白：大师怎么还懂心理学？

老禅师：嗯，出家前做过心理咨询师。

汪小白：那后来怎么出家了，怎么不上班了？

老禅师：我这就是在上班啊，工作时间稳定，还错开早高峰，所以我就说嘛，上班如履平地。

让上班变轻松的心理学：九型人格

1. 什么是九型人格

九型人格是性格心理学中历史最悠久的一种，英文专业名词是 Enneagram，是应用心理学的分支。它是一门将人格进行分类的学问，侧重于人际沟通的实用性，在个人成长、沟通交际、领导力等方面都有普遍的应用。

2. 九型人格如何分类

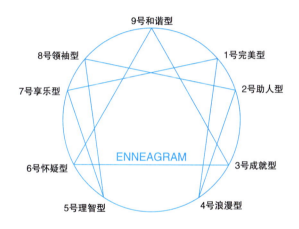

九型人格图

1 号完美型：我是正确的。

2 号助人型：我是被需要的。

3 号成就型：我是优秀的。

4 号浪漫型：我是一致的。

5 号理智型：我是全知的。

6 号怀疑型：我是可信的。

7 号享乐型：我是 OK 的。

8 号领袖型：我是强大的。

9 号和谐型：我是和谐的。

3. 学习九型人格有什么用

海伦·帕尔默（现代九型人格学的创始人）曾说过，了解并掌握这门心理学，可以帮助我们更深入地了解自己的性格，知道问题发生的原因，也可以帮助我们更清楚地了解身边的人，学会如何更好地与他人相处。它让我们挖掘出自己的潜力，提升感知能力、沟通能力、交际能力，成为一个更有魅力的人。

九型人格作为应用心理学的分支，更侧重于实践运用，而不像其他理论心理学派那样抽象。作为一个普通青年，学习九型理论的初衷是让工作和生活都简单些，在解决上班中的沟通难题时能轻松些。

第1章 怎样和"处女座"愉快沟通

老板，是我们每天上班最不想面对，却不得不面对的人之一。常言道，"老板永远是正确的"。如果你面对的是一个强迫症爆棚、追求极致完美的老板，那么该如何把老板安排的工作做到令其满意的"正确"呢?

比如，汪小白就遭遇了九型人格中的 1 号完美型的老板。那么接下来，我们就来看看汪小白是如何面对这个职场灾难的。

问题：如果不幸你的老板是个"处女座"

"汪小白，你过来一下。"

听到西太后的召唤，汪小白在五米以外就开始心塞，知道肯定没好事。

西太后，本名叫侯茜，刚空降到这个部门当老大，是一个能把电脑都累瘫的加班狂，一个"事儿多"到极点的"事儿精"，所以大家背地里都叫她"西太后"。侯茜来的第一天，汪小白和她的小伙伴们就感觉到来者不善。虽然她看上去面容秀丽，但眉宇间似乎总透露出一股令人生畏的气场。果然，自从侯茜来后这大半年，谁也别再想按时下班，她永远有挑不完的错。更令人无法忍受的是，只要发现有问题，不管是周末还是节假日，不管是清晨六点还是凌晨午时，她立马一个电话就打给你，几乎每个同事都收到过她的"午夜凶铃"。

任何事不管优化多少遍，得到的回应永远是："这儿再改下，注意细节，细节是魔鬼，你们要专业啊，专业！"这种刻板的作风，就像她的着装，不管什么时候，永远是衬衫、西装、高跟鞋，再配上一年四季的"扑克脸"，被小伙伴们背地里称为"葬礼三件套"。

带着忐忑不安的心情，汪小白赶紧应召走进侯茜的办公室，果然又是吹毛求疵的小事，被批评昨晚发给客户的邮件字体格式不统一，看上去不专业。汪小白不服气地辩解了几句："这又不是什么大问题，没必要这么死抠细节吧。"

侯茜突然冷冷地回了一句："知道理查三世是怎么死的吗？"

看着汪小白一脸茫然，侯茜语重心长地讲道，当时理查三世即将奔赴一场决定自己王位命运的战役，战前让马夫为他备马掌钉。但正好铁匠的铁片和钉子快用完了，当钉完第三个马掌时，铁匠发现少了一根钉子，请求去找钉子。马夫却表示：那就将就着用吧，马上要上战场，等不及了。于是，在国王的第四个马掌上，铁匠少钉了一根钉子。战斗开始，理查三世正冲锋陷阵，没想到战马却在关键时刻掉了一个马掌，令他栽倒在地，整个军队因此士气大衰，溃不成军，被敌人击败。而理查三世也死于这场博斯沃思战役。

"理查三世是最后一个死在战场上的英国国王，而他的死亡仅是因为一根铁钉。你说细节有多重要，值不值得重视，细节是魔鬼！连一封邮件都这么不注意，等出其他问题就来不及了，这种细节还要我操心，要专业啊，专业！"侯茜说道。

汪小白本来听理查三世的故事，正听得津津有味，没想到结尾话锋一转，又是被教训，心里真是各种不爽：细节有问题，就代表其他环节也会出问题吗？因为1分的失误就要否定剩下的99分吗？简直是"神逻辑"，细节不是魔鬼，侯茜才是魔鬼。

根据以往的战斗经验，这时最好的回答是"好的，下次注意"。这是汪小白和同事们总结的"西太后定律"。对付这样偏执型的人，千万不要正面硬顶，否则她会用絮叨的方式证明自己的无敌，最好的办法就是扮演淘宝客服，"好的亲，谢谢亲，对不起亲"，热情敷衍过去就好。

但这次不行。为了这个文档，汪小白周末都没休息，昨晚加班到凌晨，今早又为了赶她的晨会，晕晕乎乎地差点撞车，连早饭都没吃，就换来一大早上当着全部门的面被她毫不留情地教训吗？汪小白也按捺不住情绪，赌气化作一句："我就这水平了，你要是看不惯，'你行你上'啊。"

其实汪小白的努力，侯茜是看得到的，在前几天的加薪名单里，她还提报了汪小白，只是她没想到竟这么快就闹出不愉快。她知道自己容易急躁，但还是觉得汪小白的工作不够细致，如果汪小白没犯这种低级的错误，自己也不会那么生气。

明明是汪小白出了问题，还在这种场合公开和自己叫板，侯茜也一时火大起来，赌气地回了一句："你既然这么大意见，那好，就退出这个项目吧。"

在全体小伙伴同情的目光下，汪小白知道，对应自己这句"你行你上"的下场是"不作不会死"。

分析：事儿精？！走近 1 号完美型

老禅师：听施主的描述，这是典型的 1 号啊。

汪小白：嗯，谁敢不把西太后摆在 NO.1 的位置上啊。

老禅师：九型人格只是性格分类，排名不分先后。1 号是指完美型人格。

汪小白：嗯，对，就是"事儿精"。

老禅师：好吧，就当这是"完美主义"的通俗说法吧……不过，完美主义也不全是坏事，更何况九型人格中的完美型，并不是只有这一条特性。

汪小白：那九型人格中的完美型是什么样的？

老禅师：1号完美型，确实有苛求细节、容易愤怒的一面，但同时也对自己的要求很高，勤奋严谨、讲究公正、注重实际。

汪小白：听您这么说，好像完美型的人也没那么"拉仇恨"了。

老禅师：当然，没有绝对的优缺点，只是同一性格的两面性，完美主义者也不例外。很多时候没有绝对的对错，只是从哪个角度看的问题，所以有云"此之甘饴，彼之砒霜"。

汪小白：好吧，那应该怎样和这种"砒霜"老板相处呢？

老禅师：对于1号，你要记得的是，1号喜欢就事论事，不喜欢扯闲篇、套近乎，话风简明、注重条理，所以也讨厌别人跑题。

汪小白：嗯，西太后倒真是这样的人，很刻板，但很多时候确实对事不对人，虽然也总怼我吧，但对其他人也这样。每次我从她的办公室出来，就看到后面的小伙伴们挨个进去"领罪"，让我知道我不是一个人。

老禅师：这么想想，是不是还有点满怀感恩的心呢，哈哈。

汪小白：相比立地成佛，我还是更想知道如何佛挡杀佛、升职加薪。

老禅师：不难，我们先总结一下，1号的风格就是不留余地、抠细节、爱说教，对吧？

汪小白：对，我们部门内部总结为轴、"事儿多"、爱絮叨。

老禅师：吐槽结束，那接下来我们就说说和1号沟通的三大撒手锏。

汪小白：第一，就是刚才说的，要有逻辑性，对吧？

老禅师：抢答正确。和1号沟通，要尽量做到具体明确。虽然1号被你评价为"事儿精"，但是在沟通方式上，完美型的人是很果决的，拒绝含糊，拒绝笼统，拒绝婉转，拒绝含蓄。

汪小白：获取一项新技能。那第二个撒手锏呢？

老禅师：第二，要表现出积极正面的态度。1号非常"事儿多"，反映在内心深处，就是比较在意在工作场合的形象。所以，即便你有不同的意见，也要至少先表现出在意和尊重。

汪小白：这不是虚伪吗？

老禅师：也是礼貌，你还想不想升职加薪，走上人生巅峰了？

汪小白：好吧……

老禅师：很多时候，我们说话的内容很重要，但说话的态度更重要。

汪小白：或者说，怎么说比说什么更重要。

老禅师：哎哟，不错哦。话说回来，1号的挑剔，往往是在细节上追求完美。如果你能够客观看待，也许有些修改意见对提升自己也是有帮助的。**以己度人，不如推己及人。**

汪小白：好吧，确实有时她给出的修改意见还是挺专业的。但就是老给意见，也挺让人郁闷。大师，再接着传授一招吧。

老禅师：第三，认知正确，注意细节。1号是一个很在意正确与否的人，如果你能在谈话中表明对正确的认知，就比较容易获得好感。

汪小白：比如我迟到了，虽然是因为前一天加班太晚导致的迟到，但是我不应该先解释，而是应该先表态——迟到这种行为是不对的，对吗？

老禅师：孺子可教！

解答：1号完美型的心理模式

其实，"处女座"的吹毛求疵，能成为一种现象，引起广泛吐槽，都是有其背后共通的心理原因的。汪小白的经历并不是个案。苛求完美的1号，是每个人都会在身边碰到的一两个所谓的"事儿精"，经常有些较真儿得让你无语，尤其当碰到的这种人是你的老板时，简直更加无奈。如果避免不了和这样完美型的老板或同事沟通，我们就要了解这类人的心理模式，只有这样才能更轻松地应对他们。

用一句话点评 1 号的心理模式就是：每个人都应该遵守规则，严格要求自我。

案例：

除了汪小白这样不断被领导侯茜批评的经历，我们身边也可以看到很多其他的例子。Anna，我在工作中常常对接的一位广告媒介。她似乎每天脸上都写满了焦虑，PPT 要对齐，Excel 要取整，所有的资料不管检查了多少遍都不放心，投放前一天一定要加班到半夜，在细节上精益求精。另外一个男程序员 Tony，也有类似的烦恼。他的经济条件和工作履历都很优秀，但不知道为什么每次相亲后，都会被对方评价为"好严肃，没有亲和力，有种被拷问的感觉"。

如果不是绝对正确的，那就绝对是错误的

较真的1号

■ 分析：1号完美型的内心与外显

1号作为完美型人格，确实经常会表现得缺乏弹性。比如汪小白的领导，在很多可改可不改的弹性细节上，都会比较较真儿，而且一旦她认定是对的，那么别人就都是错的，有时容易陷入偏执的情绪。你细心留意一下，如果一个人的口头禅是"应当、必须、正确、好的、对、错"，那么他很有可能就是非黑即白的1号。

这种缺乏弹性的另一面，凸显在专业上就是严谨靠谱。1号多半会比较有职业范儿。比如，Anna不管多累多忙，一定要每天洗头，踩着高跟鞋、涂着口红准时出现在公司。和她沟通时经常觉得像面对AI客服，答复精确直接，随时快速响应。

怎样判断1号完美型

着装
职业范儿
干净整洁
保守
发型一丝不苟

表情
严肃神情较多
笑容较少
不愿流露出
软弱的一面
有距离感
不够友好

言辞
对事情认真过度
黑白分明
非常在意对不对
不留调和余地

情绪
焦虑挑剔
很难赞美他人
批评不婉转
让人感觉傲慢
其实并无恶意

行为
注重细节
挑错大师
严格要求别人
更严格要求自己
高压气场

因为1号的内心充满了各种条条框框，所以1号给了自己很大的压力。由于背负了太多对自己的苛求，他们的表情也就难以轻松起来，通常会看起来比较严肃。这就是靠谱青年 Tony 给人感觉总是有些难以亲近的原因。很多时候明明只是日常闲聊，但1号在遇到不同的意见时，第一反应总是自我防御、强烈抵触，摆出"一决对错"的绝对态度，结果原本轻松的交友会就默默变成了高压辩论赛。

实战：让"处女座"也给满分的心理学技巧

既然我们已经对1号有所了解，能从身边的人中分辨出谁是1号，那么接下来我们就来进一步探索他们的心理诉求。比如，在和1号相处时应该注意些什么，怎样才能获得1号老板的好评，或者怎样才能避免和1号小伙伴产生矛盾。

这也是九型人格这门心理学能帮我们更轻松有效地上班的原因。每个人格的心理模式都是有普遍性的，当你能辨别出他属于哪个类型时，就能更快速地了解对方的喜好及习惯。

■ 1号完美型的 Yes or No

- 讲究规则。喜欢按要求严格执行，不喜欢留余地。

比如广告媒介 Anna，每次给她报预算的时候，她都会要求一定要像她一样精确到个位数，若有小数点则后两位请自行四舍五入。如果对方没有按她的标准做，就会被她认为是做事粗糙、不专业。反之，如果在工作中能够顾及 1 号的强迫症诉求，就会增强其信任感。

- 习惯性指出别人的错误，但对事不对人。喜欢直截了当，不喜欢婉转。

比如，被姑娘们评为"标准直男情商"的程序员 Tony，就有点过于客观。只要是他认为不对的就会通通指出来，这种"找 Bug"的态度在敲代码时固然不错，但在人际交往中，往往容易被对方误解。因此，对 1 号更包容些，理解他们的耿直，会更容易和他们成为朋友。

- 注重逻辑，擅长把复杂的事理出头绪。喜欢简明扼要，不喜欢扯闲篇、套近乎。

比如，领导侯茜提倡高效率，没耐心听长篇大论，只要开会有人跑题，她就会不舒服，甚至直接厉声打断，平时沟通中也是有事说事，不喜欢套近乎。所以，在和 1 号沟通时，可以用"电梯法则"来检验自己——能不能在 30 秒内把问题说清楚，是否足够目标明确、逻辑清晰。

喜欢我的人不必感谢，都是我应该做的　公正的完美型　讨厌我的人不必憎恨，只是立场不同

■ 怎样提升 1 号完美型对你的好感度

抓住了 1 号的心理模式与喜恶后，接下来就可以有的放矢，遵循 1 号的行为习惯，从而提升 1 号对你的好感度。

- 注重逻辑性。比如，在和领导侯茜沟通时，重要事项尽量提前准备，做到具体、明确、有条理，可以尝试按照知名咨询公司麦肯锡的"SCQA 法则"梳理逻辑，会让她觉得你更加专业。

- 要表现出尊重的态度。苛求完美的人，不习惯流露出软弱的一面，自我保护意识会比较强。比如，Anna 很在意在工作场合的形象，那么即便有不同的意见，也应尽量先表现出对她的提议的倾听与尊重。

- 认知正确，注意细节。比如，Tony 是一个很在意正确与否的人，如果你能在谈话中表明对正确的认知，追求公正完美的态度，在对方认为一致的价值观下，就会更容易博得好感。

只有进一步了解应该怎样与 1 号沟通，才能获得他们的信任与好感。回到汪小白的职场问题上，面对苛求细节完美、注重专业高效的领导侯茜，我们可以试着用"SCQA 法则"来化解之前的矛盾，更有逻辑性地说服偏执型老板。

九型小贴士
用上方的魔力词会更容易获得1号的好感

◆ 实战1：用"SCQA法则"，与1号完美型的完美沟通

侯茜：这个方案完全没达到我想要的效果，感觉设计方向完全不对。而且你看这些边缘的地方也没对齐，颜色没有统一，注意细节啊，说了一万遍了，质感来自细节。

汪小白：是，抱歉这些细节确实疏忽了，我们应该更注意些。这个方案是根据上次会议结论梳理出来的，当时大家都觉得是一个不错的方向。但是在实际执行时，和预想的有些冲突，出现了一些之前会议中没考虑到的问题。所以，在设计的过程中，我们也纠结了很久，是延续会议方向直接推进，还是根据实际情况做些调整。最后觉得还是必须考虑到执行落地时的难度，因此才选择了这样一个折中的方向，在视觉效果上难免有所牺牲。正是因为考虑到与之前会议方向有差别，所以才向您汇报，希望您能再给些建议。抱歉由于时间有限，所以我们优先解决了在执行上的难题，后续在细节上肯定会做得更完美些。

以上就是运用知名咨询公司麦肯锡总结出的"SCQA法则"解决问题的典型案例。从双方都知晓的情境引入，先达成背景共识，在此背景下再一针见血地指出矛盾，然后提出可行性方案，最后做出选择并给出理由。学会这套心理学技巧，可以帮助你更清晰地梳理出谈话逻辑，用抽丝剥茧的递进方式，消除对方的疑虑心理，会显得更为专业，也更容易被1号认同。

下面我们再回顾和总结一下"SCQA法则"，希望大家可以将它运用到工作中，让你的谈吐得体大方，从职场小白华丽变身成专业人士。

◆ 心理学技巧——SCQA 法则

"SCQA 法则" 包括情境（S）、冲突（C）、问题（Q）、答案（A）。

■ 怎样解决与 1 号完美型的冲突

由于 1 号相对偏执的处理方式，所以难免在人际关系中表现得比较易怒。那么，当不愉快已经发生时，怎样才能扑灭 1 号的怒火呢？我们可以试试这三步。

- 第一步：在 1 号的怒气值较低时，可以给 1 号一些冷静的空间，不必立即开始谈话。比如，当你与小伙伴 Anna 出现不愉快时，可以给她一些时间，让她平静下来。这时她也许对事情会有更客观的思考，等她没那么生气了，给个台阶就下了。

- 第二步：在 1 号的怒气值较高、冲突比较剧烈时，一定要马上处理问题。比如，面对已经被你的问题延误一小时而暴怒的 Tony，请直截了当地和他沟通。你可以这样说："抱歉，我当时有别的事在处理，我不是故意的，不要误会，等你有时间我们聊下好吗？"

- 第三步：采取温和的沟通原则，组织交谈框架。比如，在和领导侯茜沟通时，一定要注意在谈话过程中不要打断她，多引导她倾诉，耐心倾听，在交谈时多使用中性语言描述客观现象，而不要做情绪化的评判。可以使用"共情四步法"，表达真诚的态度。

所谓"共情"，就是唤起对方的同理心，使其理解你的处境和感受。回到汪小白的案例上，我们就来试试，如果面对已经进入暴怒模式的领导侯茜，该如何道歉才能最大限度地挽回局面？

◆ 实战 2：用"共情四步法"，扑灭苛求方的怒火

侯茜：怎么又迟到了？！明知道今天要开会还迟到！下雨不

是理由，别人怎么没迟到就你迟到，让大家都等你一个人？！这么点小事都管理不好自己，怎么把项目管理好？！

汪小白：迟到了十几分钟，实在抱歉。我知道这个项目确实紧急，耽误大家开会了，我一路也特别着急地赶着过来。昨天加班到很晚，家住得又很远，想到今天要开会，已经提早出门了，没想到下雨堵车太严重，还是迟到了。我以后一定会更加注意，再早些出门。

以上就是运用"共情四步法"做到有效道歉的典型案例。首先要承认错误，表达出双方的对错观点是一致的，你也认为自己做得不对；然后表示理解对方的感受，表达自己也觉得难过；之后在这个基础上，再和对方解释，说明理由；最后提出建议，以

后不会再出现同样的问题。这样层层递进带动情绪的方式，会更容易被对方接受。

下面我们再提炼一下干货。在职场中难免会出现问题、出现矛盾，甚至出现错误，只要记住"共情四步法"，就能帮你将老板的愤怒情绪化解于无形。

◆ 心理学技巧——共情四步法

"共情四步法"即承认错误、表达感受、说明理由、提出建议。

Step 1 承认错误	Step 2 表达感受	Step 3 说明理由	Step 4 提出建议
通过认错，表现出礼貌谦逊的沟通态度	表示自己理解对方的感受，也要表达自己的感受与反思	对于问题产生的原因给予解释	对于如何解决问题给出意见，表现出认真的态度

加薪必修课之第一课：怎样与老板谈判

加薪是每个职场人都会面对的刚需，有时你也许能碰到每年都会加薪的人性化公司，但更多时候，想要加薪需要自己开口和老板谈。很多人不知从何谈起，或者害怕被拒绝，于是面对明明心心念念的刚需，也只好选择默默忍耐，被动等待老板发现。

职场如战场，升职不一定人人有机会，但加薪是人人有可能的。有时你不开口，就等于把机会被动地让给了别人。所以，如果你确定你的付出对得起加薪，那么一定要试着主动出击。

面对"加薪"这个职场恒久不变的话题，以下就以汪小白和她的史上最难搞定的领导侯茜为例，和大家分享一些沟通技巧。

- 在和老板谈判之前，可以先做背景陈述。有时老板也会有主观判断，你要让老板对你的实际工作情况有所了解。比如，按照时间顺序或项目重要程度，做个简明扼要的绩效回顾，让双方先达成一致的沟通语境。

- 在和老板谈判时，尽量表现得像对方，会更容易使对方在潜意识里提升对你的好感度。比如，和注重专业形象的领导侯茜提加薪，应注意着装得体、举止礼貌，描述时语言理性、客观、公正，注意逻辑性，更容易赢得她的高印象分。

- 在谈判陷入僵局时，可以尝试运用妥协技巧。比如，领导侯茜会在意所有的细节，在她看来，所有的细节都同样重要，那么在你可以妥协的细节上做出让步，会更容易促使对方决策。可以试试灵活运用"Yes-But 技巧"，让谈判向你希望的方向发展。

面对职场新人最容易担心的问题——提出加薪请求万一被拒绝好尴尬怎么办，接下来汪小白就试试看，用"Yes-But 技巧"以柔克刚，争取老板的同意。

◆ 实战 3：用"Yes-But 技巧"，解决与细节控老板的谈判

侯茜： 我也看到你做出的努力，但是在专业细节及一些团队配合上，你还是有些不足。加薪的事我需要结合整体情况来考虑，但也希望能看到你继续努力，有所突破。

汪小白： 是的，我知道自己要提升的地方确实还挺多。但是，我也希望自己的努力能够被认可。当然，加薪名额有限，您要结合整体情况来考虑。如果这次没有成功，我也理解，我会继续加油，希望在下个季度能成功。

◆ 心理学技巧——Yes-But 技巧

根据以上案例，我们可以总结一下"Yes-But 技巧"的核心。

希望每位职场人都能勇敢迈出第一步，付出就要有回报，加薪不是什么难以启齿的事。很多时候我们开不了口，只是因为不知道如何开口。希望心理学能助你一臂之力，在这个充满焦虑与机遇的时代，让你能够坦然面对自己加薪的刚需，机智地为自己赢取更多的机会，谈钱不伤感情。

成熟，就是有能力适应生活中的模糊。

——西格蒙德·弗洛伊德（Sigmund Freud）

第2章 怎样拒绝"不合理的需求"

在职场中，我们总会遇到形形色色的小伙伴，而其中总有一两个是自己的铁杆搭档。就像打游戏一样，如果你摊上一个"神助攻"的搭档，那打起排位赛会如虎添翼，而如果你摊上一个扯后腿的队友，很多时候只能独自神伤……

就像汪小白的铁杆搭档金晶，这样一位九型人格中的2号助人型的老好人，将带给汪小白怎样的职场麻烦呢？

问题：不会说"不"的队友

"天呐，这个破项目不是该Cici跟进吗，为什么你在做啊？"汪小白从洗手间回来，正准备叫金晶一起去吃饭，回头一瞥却发现她在做"隔壁组"的事。

在这个部门里，金晶是汪小白同甘共苦的好搭档，但也是整个部门出名的老好人。金晶工作也有五六年了，但看着还跟大学生一样，长着一张肉嘟嘟的"乖萌脸"，脾气也十分乖顺。别人拜托的事，她就是自己的事没完成，也会先把别人的做了；该一起干的活，如果对方恭维两句"金晶你做得比我好多了"，她恨不得全干了；甚至还有懒得下楼的人，总让她帮忙带吃的……汪小白都看不下去了，金晶却如春天般温暖地问对方："你想吃什么？"

不止一次，汪小白劝金晶态度强硬点，该拒绝的时候要拒绝。金晶却说"算了算了，都是小事"。其实有时候金晶也觉得很麻烦，但别人一提要求，不知怎么着，就又顺口答应了。

比如，这个"隔壁组"里 Cici 的项目，需求来回变更过几次，时间又紧，还有很多细节很复杂，谁都知道这个项目不好做，来来回回折腾好几个月了，下周就是 Deadline。就在这个关键时刻，Cici 跑来找金晶，说自己弄不完，问金晶是否有时间紧急支援一下。金晶虽然也不太情愿，但看着对方恳求的样子，也抹不开面子拒绝。

一听到金晶答应了，Cici 忙不迭地转身就跟领导侯茜报备了，说能否申请金晶临时协助，已和金晶沟通过了。既然双方都沟通过了，侯茜自然也没再多过问，于是这个烫手项目就甩到了金晶手上。

汪小白没想到去了一下洗手间，小伙伴就瞬间发生了这样的"惨案"，简直不知道说什么好。要不是被金晶拉住，恨不得马上去找 Cici 理论下。汪小白组的组长刚离职，侯茜让汪小白代为处理组内事务，其实就是有意培养汪小白。大家也都知道，所以有什么事都会先和汪小白商量下，汪小白也会积极地协助解决。

这次的事，金晶接完了以后，也意识到了自己应该先和汪小白打个招呼。明知道这个项目容易出差错，怎么说自己也是汪小白组里的人，这样相当于给组里背了个潜在的锅。然而事已至此，也没法再推掉了，金晶觉得对储备组长汪小白也有些歉意。

于是，她只能一脸无奈地看着汪小白说："我刚扫了眼资料，还行，也没想象中那么麻烦，没事没事，放心，一周应该能搞定。"

汪小白本来就看不惯 Cici 有功就抢、有坑就躲的行事作风，没想到这次把锅丢到自己组这边来了，觉得格外不爽，忍不住狠狠吐槽："不是能不能搞定的问题，是为什么要做。就算你能搞定，肯定又要加班，这是他们的活啊，他们几个月没搞定，就甩到我们这边来了。"

看汪小白一脸不爽，金晶赶紧说："没事没事，反正我自己来做吧，加加班应该没什么问题，不用麻烦组里其他人。"

汪小白继续抱怨："不是这个问题，是你就不该接，说个'不'字有多难啊，接这么个破事。"

金晶本来就不好受，但想着自己弄的事就自己解决吧，至少没给谁添麻烦，结果还是被汪小白一顿数落。金晶也有些不高兴了，也不想说什么了。

分析：老好人？！走近 2 号助人型

老禅师：2 号就是这样的，旁人看来有时似乎比较"拎不清"。

汪小白：就是拎不清，不过不是有时，是经常，她经常给自己揽活。

老禅师：2 号是助人型人格，善于付出更胜于接受，有时甚至会忽略自己的内心感受，委屈自己去迎合别人的需求。总之就是，2 号很有雷锋精神。

汪小白：好吧，这么一说，好像是我自己小气了，不肯乐于助人。

老禅师：助人当然是好的，但无原则地助人，甚至已经力所不逮，还要答应，就不妥了。

汪小白：大师正解，金晶就是这个问题。虽然大家都叫她"人气王"，但其实就是老好人。有些人就是看她好说话，但哪怕她明知道对方在占便宜，也还是答应了。

老禅师：嗯，2 号不擅长拒绝，因为他们确实在意人气，希望通过满足对方获得对方的好感，最怕人气下降。

汪小白：简直像《私人订制》那部片子里说的，"恶心自己，

成全别人"。

老禅师：2号喜欢交朋友，希望能帮到朋友，害怕不同的意见和冲突。这种善意固然是好的，但过犹不及。如果一味地为了表面和气而勉强自己去迎合，也是另一种不真诚。

汪小白：我说过她很多次了，但是她根本改不了，每次都接那些破事，还说"没事没事"。

老禅师：抱怨没有意义，改变才是解决问题的王道。

汪小白：可是改变一个人是很难的，应该怎样改变她呢？

老禅师：最好的改变别人的方式是，不必总想着去改变别人，只需想着如何做好自己。这就像想让一首歌曲在对唱时能更动听，就要先自己找准调，才能帮对方带节奏。

汪小白：是的，我不应该只指责金晶，而是应该帮她一起"脱坑"。

老禅师：如果觉得直接说太生硬，无法开口，那么可以试试用"三明治技巧"来表达自己的不满。简而言之，就是将否定的话，夹在肯定的话之间。影视剧中的佛祖也用过这招。

汪小白：我不信，佛祖才不吃三明治呢。

老禅师：你去看《西游记》，在孙悟空一气之下回花果山的时候，佛祖劝了他三句话。

"你这泼猴，一路以来不辞辛苦保护师父西天取经。这次何故弃师独回花果山，不信不义。去吧，我相信你定能发扬光大，保护师父取得真经。"

汪小白：哈哈，还真是，这三句话绵里藏针，佛祖果然是大智慧。

老禅师：先肯定了孙悟空前面保护唐僧的心意，又批评了他这次的任性离职，最后表示期许与鼓励，帮孙悟空迷途知返，重回工作岗位。

汪小白：佛祖教育的是，我决心要好好向佛祖学习。不过我有时也会羡慕，觉得自己不如金晶那么讨人喜欢。但在工作或生活中表达否定、拒绝、不满，就是容易得罪人。

老禅师：辩证地看，所有的事都具有两面性。如果你的否定、拒绝、不满并非出于恶意，而是出于真实，且表达得也友善，那么懂你的人，自然会理解。

汪小白：是的，不能理解我的人，我又何必在他身上耗费能量。

老禅师：其实，任何人都无法赢取所有人的认可，也并不需要所有人的认可。而能够勇敢地表达出自己的否定、拒绝、不满，意味着绝对的边界，意味着自我的认知与原则，意味着不能轻易妥协的坚持。

汪小白：对，不应该为了追求所谓的认同感而扭曲自己。做真的自己，独特的自己。

解答：2号助人型的心理模式

我们在职场中总能遇到老好人。如果对方恰好是合作方或客户，我们会觉得太幸运了，这么好说话，省了不少事；但如果对方是自己团队中的小伙伴，有时抹不开面子，说不出"不"，揽上很多无谓的事，我们也会"怒其不争"，认为对方简直是个只会扯后腿的队友。那么，让人又喜爱又无奈的2号"小朋友"，是否真的像表面看上去的那样"没原则"呢？就让我们一起走进2号的内心世界吧！

用一句话点评2号的心理模式就是：我帮助每个人，每个人都应该喜欢我。

案例：

像金晶这样搞得汪小白直叹气的小伙伴，我们应该都碰到过。阿云，我之前公司的一位实习生，一个有点腼腆的"95后"大男孩。不管谁交代他做什么，他的回答永远是"好的"。本来他的初衷是好的，但由于接了太多的事情使精力无法集中，导致顾此失彼，结果每件事都没做好。另外一个客服部的女生小晴，也经常觉得自己吃力不讨好。面对用户的各种问题，小晴都很认真地帮他们解决。但当面对有些无理的投诉时,小晴经常内心纠结,不知道该如何让对方满意,甚至被当场气哭过几次,还被批评不够专业。小晴觉得:"为什么我已经替他们着想了,他们还要这样,这工作真是越做心越累。"

■ 分析:2 号助人型的内心与外显

2 号作为助人型人格,经常会表现得很热心,甚至有时还有点"没原则"。比如,汪小白的小伙伴金晶,不管面对什么样的要求,总会习惯性地积极回应别人,哪怕同事总是让她下楼带吃的,自己明明不喜欢,可她表现出来的却依然是温和耐心的态度。这就是典型的助人型人格,他们的口头禅是"好的、可以、没问题、让我来、没关系、你觉得呢"。

热情积极、助人为乐，固然是好的，但任何事都过犹不及，2号的"没原则"也会给自己带来很多麻烦。比如实习生阿云，明明工作量已经超出能力负荷了，却不知道怎样拒绝，不知道如何表达出自己面临的难题。再如客服姑娘小晴，在遇到不同的意见时，她总会习惯性地点头，经常改变自己的想法去迎合他人，当面对用户的无理要求时，内心会纠结，会迷茫和无奈，甚至被气哭。

怎样判断2号助人型

着装
温婉风
色调明快的风格
讲究质感
感官舒适细腻

表情
眉目柔和
笑容有感染力
关注的眼神
热情的笑容
希望别人都需要自己

言辞
语速较快 语调较重
积极响应 乐于恭维
态度热情
希望别人感知到自己的关心和帮助

情绪
乐观开朗 慷慨大度
善于付出
从满足别人的需求中
得到自我满足
经常忽略自己的需求

行为
乐于助人 善于倾听
有耐心 无法拒绝别人
经常勉强自己
满足对方
但得不到积极回应时
会产生强烈的
情绪反弹

2号的内心就住着一位老好人，能让身边的人感觉"如沐春风"。但不管自己是否力所能及，也不管自己是否真的愿意，2号都一口应承下来，经常自己给自己挖坑，而等到实际完成不了时，或者无法忍受时，才发现其实自己的内心也会"凛冬将至"。面对不合理或不情愿的需求，如何才能坚决而优雅地说"不"，这也许是 2 号要不断突破自我的一节必修课。

实战：快速拉近距离的心理学技巧

根据 2 号热情积极的特征，相信你能比较容易地从身边的朋友中判断出谁是 2 号。那么，面对工作中的这位"好好"小伙伴，在交际时有哪些需要注意的点，又有哪些需要体谅对方的点。接下来就让我们一起来进一步了解下，这位习惯说"好"的小伙伴，其实内心也有哪些"不"。

■ 2 号助人型的 Yes or No

- 关注他人。喜欢问其他人问题，恭维对方，不喜欢提及自己的感受。

比如客服姑娘小晴，经常容易忽略自己的感受，沟通时总被别人的意见带偏。一方面大家觉得她脾气好，另一方面大家又会认为她没主见，凡事总没意见，久而久之大家也就容易忽略她的意见了。但其实任何人都希望得到别人的关注，所以如果能主动多询问 2 号的意见，引导隐藏内心感受的 2 号说出自己的想法，会让 2 号感受到你的贴心。

- 不擅长拒绝。喜欢帮助别人、迎合对方，不喜欢拒绝别人，觉得为难。

比如实习生阿云，其积极回应的工作态度，让他在同届实习生中显得更为认真负责，得到了同事的一致好评，最后顺利地留了下来，成为一名正式员工。当然，阿云也有自己的问题，有时明明工作量已经超负荷了，但一有需求时还是闷声接下默默赶工。有一次早上看到他趴在桌上睡觉，一问居然是昨晚通宵加班了。如果你身边有这样的小伙伴，你要知道他们不擅长拒绝，可以多关心他们，关注下对方是否已经力所不逮又不好意思拒绝。如果能够帮助他们说"不"，他们在心底一定无比感动。

- 需要对方的积极回应。喜欢被对方需要的感觉，不喜欢对方反应平淡，感知不到积极回应时会生气。

比如汪小白的同事金晶，虽然在汪小白看来金晶是揽了不该揽的活，但从金晶的角度看，她不知道该怎么拒绝，现在既然已经接了，那就自己加班解决，不给汪小白和团队添麻烦，这样尽量两头都不得罪，她自己才是最辛苦的，但这样似乎还是吃力不讨好。所以，如果我们能换位思考，站在金晶的角度，体会到她的委屈，理解并回应金晶的默默付出，也许就不会有上述不欢而散的对话了。

■ 怎样提升 2 号助人型对你的好感度

了解了 2 号的心理模式后,可以以同样的热情回应 2 号,关注 2 号的内心诉求,帮不善拒绝的 2 号说出心里话,会更容易和 2 号拉近距离。

- 表现出热情的态度。比如,在与金晶交往时,表达出对她的认同与亲近,根据"人际交往距离"四维度定律,尽量拉近彼此身体及内心的距离。

- 鼓励 2 号多谈论自己的诉求。比如,小晴经常过于迎合别人的需求，而忽略自己的诉求，那么你可以反向地倾听她的想法，多鼓励她表达自己的态度。久而久之，小晴会感知到你这位朋友的贴心关怀与鼎力支持。

- 积极表达出对 2 号的喜爱或感谢。比如，阿云虽然很少说话，但其实也很在意别人对自己的看法，内心敏感细腻。因此，在带他工作的过程中，应经常给予阿云正向反馈，即便在批评他时也要配合鼓励，会更容易赢得对方的好感。

你觉得呢　太感谢你了　你真给力

九型小贴士

用上方的魔力词会更容易获得2号的好感

◆ **实战 1：用"人际交往距离"四维度定律，提升彼此亲密度**

工夫在诗外，相对于对 2 号事无巨细地致谢，不如用微笑和动作，在日常交际中传达出你对他们的友善与喜爱吧。2 号尤其对肢体语言更为敏感。

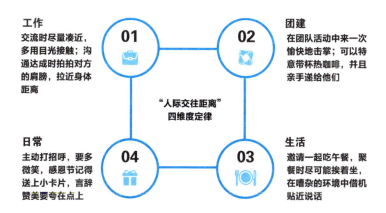

金晶：小白，你帮我看看这个广告图可以吗？

汪小白：广告图还不错啦。哇，刚看到金晶你换新发型了，超赞呀，直发挺适合你呀，染的巧克力色吧，颜色很正呢，感觉十分丝滑。

汪小白凑近，顺手捋了一下金晶的头发。金晶也觉得很开心，看来这次的发型真的很成功，小伙伴真的细心关注到自己。

◆ 心理学技巧——"人际交往距离"四维度定律

每个人对旁人都有心理距离，而这种距离会不自觉地反映到肢体上，也就是每个人对其他人都有所谓的接触尺度，即"人际交往距离"。根据与身体的距离，由远及近有如下四个维度。

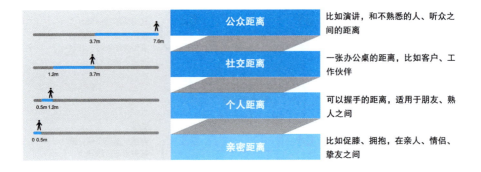

两人相处时，会根据双方的关系确定相应的距离。当你突兀地闯入更近的距离里时，就可能引起对方的不适；但是，当你持续且略微强势地逐渐侵入更近距离的领域时，在肢体上有更亲密的接触，反而能够让对方慢慢产生亲近感。因此，我们在与2号小伙伴交往时，可以反其道而行之，以缩小现实中的接触尺度，从而拉近内心的距离。

■ 怎样解决与2号助人型的冲突

由于2号平时习惯隐藏自己的感受，甚至会压抑自己的不满，因此一旦发生冲突，2号反弹的情绪往往是剧烈的。那么，怎样才能平复"暴走"的2号呢？我们可以试试这三步。

- 第一步：由于2号习惯根据自己的节奏来处理冲突，因此要把处理问题的选择权交给2号。比如，当你感受到和小晴也许有矛盾时，你可以简单且真诚地表态："感觉最近我们之间可能有点不一样了，我们可以找个时间好好聊聊。"给她一种主动的信号及开放的态度，会让她做好心理准备说出自己的想法。

- 第二步：在 2 号已经开始处理冲突时，一定要有足够的耐心。比如，有一次，超负荷的阿云终于"暴走"了，在情绪化的状态下，阿云激烈地说出了工作中的委屈，越说越多。这时，你要认真地倾听他，不要打断，在他宣泄完情绪后，帮他梳理和总结他的观点，让他知道你的心思，尊重他的意见，再提出自己的想法。简而言之，可以归纳为这样的句式："好的，我知道了。你的意思是……你是这么看的吧，我很理解。那么，你可以听一下我的建议吗？"让他知道你懂他了，会让暴怒的阿云降降温。

- 第三步：当 2 号给出否定的态度时，鼓励 2 号进一步表达自己的想法。比如，汪小白和金晶不欢而散之后，在双方各自表达完情绪，但矛盾依然无法调和时，说明金晶可能还有隐藏感受，这种时候需要引导她表达出来。比如："刚才我的沟通方式可能太情绪化了，你是不是还有什么其他想法呢？"等待她吐露完所有的内心矛盾后，可以试着用"三明治技巧"，让双方的陈述氛围更和谐。2 号非常需要对方的正向反馈，在积极热忱的氛围中，与 2 号的冲突更容易解决。

◆ 实战 2：用"三明治技巧"，不伤和气地说"不"

汪小白：等你有空，我们可以聊聊，也许我们之间有些误会。

金晶：没什么可说的，平时我帮你那么多，但到关键项目上，你却没有叫我参与。我拿你当朋友，而你根本没有在意我的感受。

汪小白：是的，我知道你帮了我很多，我真的非常感谢，而且跟你在一起做事感觉特别放心。只是这个项目确实有比较特殊的情况，时间又很紧，我只好拉了更适合的同事。我也是看你手上事情多，怕给你添麻烦。我当然知道金晶是最靠谱、最给力的小伙伴，以后咱们接着一起干。

以上就是运用"三明治技巧"来解决矛盾、缓和关系的典型案例。简而言之，就是将否定的话，像一个三明治一样，夹在肯

定的话之间。

同一个观点，用不同的表达方式说出，对方就会产生不同的感受，也许就会有不一样的回应。如果你能够体谅对方的情绪，将心比心，对方也会感受到你的善意，回以善意。

◆ 心理学技巧——三明治技巧

根据以上案例，我们可以总结一下"三明治技巧"的核心。

铺垫	认同 欣赏 关爱 幽默感
核心内容	批评 建议
收尾	鼓励 希望 信任 支持

加薪必修课之第二课：如何礼貌且有效地拒绝

人在职场，哪会不踩坑。相信不仅是金晶和汪小白，每个职场人都在工作中接到过不合理的需求。面对这些坑，如何勇敢地说"不"，尤其是当你的小伙伴是一个习惯当"好好先生"的 2 号时，如何获得 2 号的信任，以及怎么帮他说"不"，是一个千古难题。这里可以和大家分享一些小技巧。

- 通过塑造良好的个人口碑，让 2 号在沟通前就对你有好印象。2 号喜欢了解幕后的信息，除了你的项目业绩本身，他们还会关注你的人际关系与个人名声。

- 在和 2 号沟通时，采取温和的态度会更有利。2 号希望赢得别人的好感，如果你能表达出对他们足够的尊重，他们也会采取同样的态度对待你。反之，如果你过于公事公办，不留情面，伤害到 2 号的自尊心，那么 2 号很容易反弹出更大的敌意。

- 在与 2 号的谈话陷入紧张局势时，要及时暂停。当无法建立融洽的氛围时，2 号的情绪会走向强硬的一面。但如果你能率先冷静下来，暂停战局，表达出友好的沟通态度，2 号会很容易接受善意，让沟通走向良性。

- 留意 2 号的隐藏情绪，引导 2 号表达出自己的诉求。2 号在谈判中很容易走向一个误区，就是为迎合别人的诉求，而忽略自己的诉求，但往往在结果达成后，也许这些谈判中隐藏的未满足条件，会带来后期的隐患或风险。因此，在交往中，应注意鼓励 2 号说出自己的真实意向，促成双赢的局面。

◆ **实战 3：分析"取悦三角形"，帮助职场老好人学会拒绝**

汪小白：这件事是 Cici 组主要负责的，为什么让我们做？

金晶：额……刚才 Cici 说他们做不完，问我们能否帮忙做点……要不我自己来加加班就好。

汪小白：不要一个人闷头加班，这是咱们组共同的事。如果 Cici 组超出了负荷，无法完成，可以申请支援，也不一定必须由你来承担。你手上的事情也很多，不要把自己累坏了。这样吧，我们一起去和 Cici 及领导沟通下怎么分工，如果确定是由我们组来支援，那我帮你一起完成。

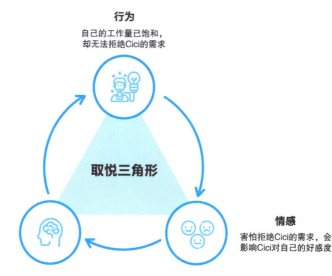

行为
自己的工作量已饱和，
却无法拒绝Cici的需求

取悦三角形

思维
自己加班，满足Cici
的需求，只要Cici满
意就好

情感
害怕拒绝Cici的需求，会
影响Cici对自己的好感度

"取悦三角形"分析：汪小白通过行为引导，让金晶意识到自己的行为、思维、情感是非理性的，鼓励与陪同她一起说"不"，帮助金晶加强自主意识。同时，在共同面对困难的状态下，表明自己与她统一战线的友好态度，培养与金晶的伙伴关系。

◆ 心理学技巧——"取悦三角形"与"破唱片法则"

从金晶的案例中我们可以看到，习惯性地避免冲突的心态，就是我们常说的老好人心态，这在 2 号身上尤为常见。其实在心理学中，习惯性地讨好，又叫取悦症。心理学认为，在取悦症的背后，是由三个心理要素搭建三条边框，构成的一个互为因果的三角形。这三个心理要素分别是：行为、思维、情感。例如，取悦他人的行为，受习惯性讨好思维的影响，同时由避免冲突的情感所导致。

取悦三角形

取悦症在心理学领域又名"看管人性格障碍"，表现为习惯性地取悦他人，只考虑他人而忽略自己或勉强自己，在拒绝别人的需求时会产生畏惧与焦虑感

想克服取悦症，就必须打破三角魔咒，摆脱自我畏惧，加强自主意识，直面拒绝，直面对抗，甚至直面孤独，直面被厌恶。不敢说"不"，不仅是 2 号的问题，也是很多职场新人的软肋。不妨鼓励身边的小伙伴一起试着练习"破唱片法则"，也许会勇气倍增。

对抗取悦症的"破唱片法则"：自我练习表达拒绝的态度，就像破唱片一样，一遍又一遍地重复说"我不"，培养说"不"的勇气。当别人提出你不想接受的需求，而你又在情感上无法拒绝时，可以重复性地表示"我们缓缓再商量，我不确定"。不管对方如何要求，你都像破唱片一样不断重复这句答复。

被人认可固然是一件愉快的事，但如果通过勉强自己的方式获得认可，这样获得的只会是勉强的愉快。做真实的自己，从敢于说"不"开始。

所谓的自由，就是被别人讨厌。有人讨厌你，正是你行使自由、依照自己的生活方针过日子的标记。

——岸见一郎

第3章 怎样与"心机鬼"斗智斗勇

在职场中，遇到一两个扯后腿的队友不是最可怕的，最可怕的是遇到一两个故意挖坑的"死敌"，或者和你竞争同一个晋升岗位的对手。

尤其像汪小白这种情况，自己给自己培养出了一个强大的"死敌"，而且还是九型人格中的3号成就型对手，其心机和能力都不容小觑。遇到这种情况，我们该如何迎难而上呢？就让我们看看汪小白如何应对。

问题：遇到一个"心机重"的同事怎么办

有时，最难爬出来的坑，往往都是自己给自己挖的坑。

"Cici，你什么意思？"汪小白终于忍不住，直接冲到Cici座位前质问。

在刚认识Cici的时候，汪小白没想过有一天两人的关系竟会走到这一步。Cici 比汪小白晚入职一年，刚到公司时，汪小白还是她的新人导师。由于两人年纪差不多，Cici 做事靠谱，态度又热情，天天叫汪小白一起吃午餐，汪小白不知不觉就和 Cici 成了朋友。除了履行流程上的导师职责，汪小白还主动分享了很多案例资料，真心实意向 Cici 传授项目经验，以及和各部门打交道的技巧。

很快，Cici 就和大家打成一片。而慢慢地，汪小白发现她居然能记得每个人的生日和喜好，在闲聊中能附和别人感兴趣的话题，出差会给合作部门带手信，加班会含蓄地发朋友圈，而且会给身边的每个小伙伴点赞。

既然在公司里认识的人多了，Cici 就不再天天约汪小白吃饭了。后来两人一周也约不上一次，再后来一个月也约不上一次，最后基本成了电梯间里的点头之交、朋友圈里的点赞之交。吃不吃饭这种事，汪小白本来也没太往心里去。但与此同时，在工作上 Cici 也开始和汪小白有了摩擦。

Cici 和汪小白的业务本就有交集，后来部门架构变动，两人分别拆到了两个组，两个组又是竞争关系，Cici 锋芒的一面就显露出来了。遇到好项目，她一定想办法抢到手；一起做的事，她总是抢在前面汇报；汇报、开会、团建，凡是有老板在的时候，她总会以各种方式出风头。在人际关系上，汪小白更是节节败退。本来，汪小白来公司较早，和有些老同事还算走得近，如设计部的尹总、客户部的范总。但自从 Cici 开始"大举跃进"，时不时叫他们一起闲聊，不知怎么着他俩似乎就和汪小白渐渐疏远了。

就这样，随着工作上的竞争越来越多，Cici 和汪小白的关系走向白热化。想到 Cici 的业务能力还是自己当时一步一步悉心教导出来的，尤其是同一些客户的人脉关系，还是自己做背书把 Cici 介绍给合作方认识的，汪小白就觉得自己不只是心塞，还有眼瞎。

而这次却把汪小白气得当面直接爆了，Cici 挑衅也不是一次两次了，只是这次尤为突出。这个项目原本是汪小白的老客户的，按道理应该由汪小白这组负责。但在汇报进程时，侯茜觉得进度慢，汪小白刚表示了一下工作量有些大，Cici 马上卡位，说他们组可以提供支持，于是这个活儿就变成了两个组的事。

这个项目确实有些艰难，汪小白本来被侯茜批评已经觉得十分委屈，说工作量大只是希望侯茜能够理解，没想到半路杀出一个"补刀"的人，结果落得把手头上的蛋糕硬给分出去了。

而更没想到的是，客户的电话号码是以前汪小白给 Cici 的，Cici 刚接到这个项目，就迅速约了客户开电话会议。不仅如此，这次会议还没有通知汪小白。

结果，汪小白还是从客户接口人那里发现方案改了，才得知这件事的。原本是自己的项目，结果现在自己似乎被排挤在项目外了，加之想起以往的各种矛盾，汪小白一下就火大起来。情绪一上来，也顾不上维持什么团结友好的假和谐气氛了，汪小白单刀直入地问："Cici，你什么意思？为什么和客户开会没叫我？这个项目本来就是我负责的，就算加上你一起参与，也不是你一个人的。这件事会影响我和客户以后的合作，如果你想抢这个项目就放到台面上说，没必要偷偷摸摸地搞这些。"

"只是一个电话会议而已，没必要这么上纲上线吧。客户不是你汪小白一个人的，是公司的，我们组也是为了协助和支持，所以才临时开的会议，想多方面了解些情况。都是为了把事做好，没想到你发这么大火，没必要吧，下次会记得通知你。"Cici 不冷不热地怼回来，搞得好像汪小白无理取闹似的，周围还有一帮不明真相的群众围观。

事已至此，汪小白十分心塞，想想自己真心带人，结果把自己给带坑里去了。

分析：心机重？！走近 3 号成就型

汪小白：大师，您说遇到这种"心机鬼"怎么办？我感觉已无力吐槽。

老禅师：人生就是很艰难的，谁没遇到过几个……咳咳……消消气。

汪小白：总之就是我以前眼瞎，还能说什么呢。

老禅师：也别这么说，与人为善总归是没什么坏处的，只是 3 号的功利心确实比较强。3 号的定义是成就型，追求成功，所以性格主动、外向、善于交际。

汪小白：嗯，反正是挺会见人说话的。呵呵，而且大家还觉得她不错。

老禅师：年轻人，不要这么偏激，见人说话，并没有什么不好啊，那只是一种沟通技巧而已。换个角度想，其实我们每个人在说话时，都希望获得他人的认同与支持。如果你先对他人付出耐心，或者给予恩惠，就会更容易获得他人的友善和回报。所以，古时候有"投桃报李"的说法，而从现代心理学的角度讲，这就叫"互惠原则"。

汪小白：也是，平心而论，这方面她确实做得比我好。我有时一急就容易火大、没耐心，明明是没恶意也容易被误解……不过，还是真的不喜欢她这种人啊！

老禅师：每个人都可以有自己厌恶的人，这也是一种心灵的自由，没什么问题。但厌恶并不代表要全盘否定。你并不需要喜欢她，也不必勉强自己和她交朋友，但是应该看到对方身上值得学习的地方，这样才对自己的处境更有帮助。

汪小白：懂了。知彼知己，百战不殆。

老禅师：这就对了，厌恶、抱怨、愤怒都是无意义的，应该想想如何将这些负能量转换成前进的动力。以自己为镜，多反思自己的缺点；以他人为镜，多学习别人的优点。

汪小白：大师指点的是，那我应该怎么做呢？

老禅师：嗯，抛开 3 号的功利心是否过强不谈，你先问问自己的心，自己是否也希望成功，也希望在事业上有所作为呢？

汪小白：当然啊，也许正是因为这样，所以才容易和她起冲突吧。

老禅师：讨厌一个人不是问题，有冲突也不是问题。问题是，既然厌恶与冲突是无法避免的，那么应该怎么做，才能在竞争中取得优势？

汪小白：对！我烦躁的其实就是这个，有时觉得无奈，不知道怎么争辩才能赢。

老禅师：不要局限在争辩的问题上，把格局扩大，专注在事上，而非专注在人上。让自己做的事无懈可击，永远从为了把事做好的立场出发，自然就会不战而胜。

汪小白：对，不要管别人，只需做好自己，元气满满地迎接一切挑战，相信没有人能抵抗正能量，这也许才是成功的王道。

解答：3 号成就型的心理模式

人在职场"飘"，哪能不被坑。在工作中，我们总能遇到一些气场超强的人，他们优秀卓越、干劲满满，人生模式总是从胜利走向胜利。但与此同时，为了胜利，他们似乎有时也会有点"不择手段"。追求成就的 3 号，在求胜的同时，自然难免会产生攻击性。每个人有各自不同的价值观，这也许无可厚非，但如果你在职场中碰到这样强劲的对手，该如何以柔克刚呢？所谓"知彼知己，百战不殆"，只有了解 3 号的心理模式，才能助你所向披靡。

用一句话点评 3 号的心理模式就是：成功，从优秀走向卓越，不断追求价值最大化。

案例：

汪小白和 Cici 这样的例子，凡是工作过几年的人，应该都有类似的经历。其实我在刚进入职场的时候，也遇到过这样的同事。那时，我刚接手我的第一份工作，带我的新人导师叫冬哥，很多时候事情是我做的，但拿去邀功的往往是他。有一次，我熬到半夜才做完的案子，他一字不改地拿去汇报，却提都没提我的名字，当时作为职场新人的我心里委屈得不行。和冬哥旗鼓相当的，还有隔壁组的 Gill 姐，江湖人称"鸡血姐"。老板有任何要求，她永远第一个响应；老板有任何建议，她永远第一个鼓掌。虽然冬哥和"鸡血姐"的群众缘不是很好，但在这个胜者为王的职场上，他们总能升职加薪，处处胜人一筹。

进取的3号

为了事业 我无所不能

■ 分析：3号成就型的内心与外显

3号渴望获得成就，希望成为主流价值观中的成功人士。在工作中，为了取得优势，他们往往表现得特别积极，甚至有些3号会有些激进，不择手段。比如，汪小白看不惯的Cici，会将在职场里的同事，分为有价值的与没价值的，对他们采取不同的态度。

虽然有些 3 号会有点急功近利，但相对应地，很多 3 号在工作中也会很敬业，专业能力很强。比如 Gill 姐，虽然同事不太喜欢她，但她做起事来很有一套，不仅对老板，对客户也能快速回应，逻辑清晰。虽然她在工作中总喜欢掌控全场，有点领导欲过盛，但不得不承认她效率超高、分析全面。

不过，3 号没耐心长谈，面对有定论的问题，会非常果决，但面对不了解或不能解决的问题，就会表现得不耐烦。比如，冬哥的口头禅是"你听我的"，这容易给人不太好的感受。

总之，职场中的 3 号特点比较鲜明，容易分辨。如果某人的口头禅是"OK、最、超级、保证、绝对、肯定没问题、快点"，那么他很有可能是成就型的 3 号。

实战：打败职场"戏精"的心理学技巧

如果你已经分辨出职场中的 3 号，就要考虑怎样与他们相处。在没有利益冲突的情况下，如何与成就欲超强的 3 号友好合作？在已经发生利益冲突的情况下，如何与 3 号化敌为友？

如果强势的 3 号是你在职场中不得不面对的一环，那下面就来聊聊怎样才能与 3 号好好说话。

■ 3 号成就型的 Yes or No

- 事业心强。喜欢被赞美，不喜欢被人否定或被人漠视自己的工作。

比如，冬哥喜欢被人看作成功人士或资深前辈。作为职场新人，如果遇到问题，将姿态放低些，表达出向冬老师学习和求助的状态，会更容易获得他的帮助。

- 相信优胜劣汰。喜欢竞争，关注结果，不喜欢他人成为焦点，害怕失败。

比如汪小白的对手 Cici，其实也不能算什么坏人，不过是好胜心强，希望在职场中处处胜人一筹。想清楚这点，做好自己该做的事,言辞上不必与她针锋相对。

- 需要对方的高效响应。喜欢对方接受自己的信念与引导,
  不喜欢对方讨论负面话题或指出自己的问题。

比如,Gill 姐总是习惯性地快速响应,自然也希望对方能像自己一样快速响应。客观地看,3 号这点其实是值得学习的。

■ 怎样提升 3 号成就型对你的好感度

了解了 3 号的心理模式与喜好、习惯后，接下来我们看看如何得到 3 号的认同，如何愉快地和 3 号相处。

- 以结果为导向，明确下一步的行动。比如，Gill 姐思维敏捷，喜欢快速响应，那在和她沟通问题时，应直奔主题，指出你采取的行动可达成的收益或可实现的成就。

- 简明、有逻辑，避免冗长的背景铺垫。比如，冬哥在带新人时没有耐心长时间倾听，觉得浪费他的时间，那你就尝试直接说出诉求。同时，在交谈的过程中积极回应冬哥给的意见，久而久之，和冬哥的相处也会慢慢变得友善和默契。

- 在面对问题时，要以积极的方式提出。比如，在批评与反对 Cici 时，可以保持客观的措辞，有事说事，最好同时给出有建设性的改进意见。一味宣泄情绪解决不了问题，反而容易显得自己小气。沟通要冷静，表达方式不要消极，要让大家明白你是为了达成结果。

和 3 号沟通，就要用 3 号的沟通方式，"天天向上"的 3 号，最不想听到的就是负能量的话。那么，如何才能巧妙地传达坏消息呢？我们可以试试用"化负为正"转换法。这个小技巧不仅对 3 号有用，在面对其他职场问题时，也不失为一个有效的沟通术。

OK **肯定** **你真高效** **没问题**

九型小贴士

用上方的魔力词会更容易获得3号的好感

◆ 实战 1：用"化负为正"转换法，传达乐观的工作态度

客观事实：这个项目成功的概率是 80%，失败的概率是 20%。

如果你是汪小白，要和 Cici 或其他小伙伴沟通，下面哪种方式能让对方更有信心积极面对呢？

A. 强调失败的概率：万一这个项目出问题怎么办，要是失败了损失可不小，而且有 20% 的概率可能无法达成。

B. 强调成功的概率：所有的项目都是有风险的，但现在有八成的可能性是利好的，只要我们能够克服困难，把事做好，就会取得不错的收益。

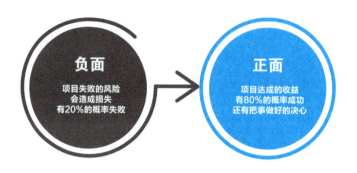

从以上两种说法中不难看出，强调成功率的方式，肯定更能鼓舞对方的信心，具备满满的正能量。接下来，我们就来总结一下这个技巧。

◆ 心理学技巧——"化负为正"转换法

负面语句，容易让人感觉被打击，动摇行动的信心。当一个人同时在评估"获得收益的可能性"与"失去收益的风险"时，往往会更容易关注到坏消息。在与 3 号交往时，尽量不要做一个传达坏消息的人。如果想激励对方乐观面对、积极应对挑战，可以在表达时使用"化负为正"的表达技巧，把负面的风险概率转换成正面的收益概率。也就是说，我们把"那样做不好"转换成"这样做更好"，会更容易鼓励人心、提升士气。

■ 怎样解决与 3 号成就型的冲突

3 号多半比较激进，而且很注重自己在公众场合的形象。因此，当出现冲突时，顾及 3 号在这方面的心理，我们采取以下"三步走"的策略，也许更容易以柔克刚，大事化小。

- 第一步：在初步沟通问题时，尽量选择私密环境，放慢语速会显得态度友善些。比如，Cici 的好胜心强，如果出现不愉快，想与她缓和关系，那么语气应尽量温和、真诚，消除她的敌对情绪。另外，她平时装扮精致，很在意自己在工作场合中成功者的形象，所以在吃饭、喝茶之类的轻松环境中约她，会让她更容易说出感受。很多事说开了也就化解了。

- 第二步：当 3 号已经生气时，给 3 号一段时间消化。比如，Gill 姐的风格是迅速行动，在她迅速行动时可能并不会想到对方的感受，当你向她反馈问题时，她需要一段时间来消化，并厘清头绪。所以，当出现冲突时，不要急着硬碰硬，可以先说清问题所在，告诉她等她想聊的时候再聊。留给 3 号一段时间冷静下来，问题会得到更好的解决。

- 第三步：当与 3 号开始交涉时，应就事论事、论点明晰、分析中肯，以解决问题为导向。比如，我在刚进入职场时，曾和冬哥发生过一次冲突，那时岁数小，比较情绪化，抱怨了一通也没有说清楚。后来，那次冲突在领导的帮助下解决了，他还教会了我解决问题的方法及工作沟通的态度。在沟通冲突中的问题时，用理性的态度比感情用事要好得多，只有将精力集中在目的、结果与具体行动上，才能更容易说服对方。我们可以从三个层面循序渐进地深入分析问题。一是 Why，为什么要解决这个问题；二是 How，怎么解决这个问题；三是 What，这样解决会达成怎样的效果。这就是"黄金圈思维法则"，它可以更好地帮你梳理问题，让你与 3 号的交谈更有效。

◆ **实战 2：用"黄金圈思维法则"，驱动对方通力协作**

我们回顾一下之前汪小白是如何表达对 Cici 的不满的。

汪小白：Cici，你什么意思？为什么和客户开会没叫我？这个项目本来就是我负责的，就算加上你一起参与，也不是你一个人的。这件事会影响我和客户以后的合作，如果你想抢这个项目就放到台面上说，没必要偷偷摸摸地搞这些。

那么用"黄金圈思维法则"，可以这样"四两拨千斤"地表达。

汪小白：Cici，这个项目很重要，我们应该统一目的、通力配合才能把事做好。希望你们不要再单独约客户开会了，以后有任何会议请通知我们组一起参与，这个项目上有任何进展，我们也能及时保持同步，只有这样才能让项目更快推进。避免让客户觉得我们内部没有沟通好，也避免信息不对称，造成新的问题。既然这个项目由我们两组一起来做，那希望以后不要再发生此类单独沟通的情况了。

目的 Why	表达都是为了项目好，统一目的，从项目本身出发需要两组通力合作
方案 How	请不要再单独约客户开会，以后有任何会议请通知我们组
结果 What	及时同步才能让项目更快推进，信息不对称会造成新的问题，请你注意

当出现冲突时，一定不要单纯地发泄情绪，这样不仅无法解决问题，还容易让自己显得不专业。从为了项目好的出发点来分析问题，就事论事、有理有据，会让你的论述更有力量。让我们再来"敲黑板，划重点"，总结一下"黄金圈思维法则"。

◆ 心理学技巧——黄金圈思维法则

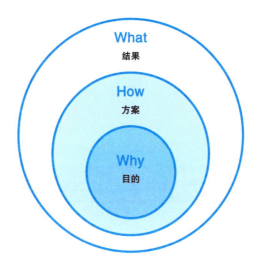

每个人都喜欢和与自己观念一致的人相处，因为共同的观念能让人从情感上拉近距离。"黄金圈思维法则"就是先从做这件事的目的（Why）出发，和对方统一思想，然后讲具体的操作方案（How），以及最后可达成的结果（What）。

加薪必修课之第三课：如何提升职场影响力

在职场中，我们难免会遇到像 Cici、Gill 姐、冬哥这样不太好相处的同事。如果气场稍弱，在工作中会显得没底气，而在谈判中，则可能很容易吃亏。那么，如何提升自己的职场影响力，如何在谈判中彰显自己的力量呢？我们可以试试"师夷长技以制夷"，用以下技巧控制好谈判节奏，像 3 号一样表现出坚定的一面。

- 3 号希望别人关注到他们的成就，因此表现出对 3 号事业的欣赏，会更容易营造良好的谈判氛围。你可以不喜欢 Cici 的为人，但关注她做的事，会让谈判更融洽。

- 为了达成目标，3 号是可以转变立场的。展示出你有更优的方案，坚定地提出你的建议，让 Cici 看到利益点，她就可能随之调整自己的观点。

- 在谈判桌上，3 号会表现出信心十足的一面，但要注意这也许只是 3 号的伪装。不要被他们表面上的权威性吓到，只要关注具体内容，在事情本身中寻找漏洞即可。

- 在谈判中，3 号倾向于快速推进，而你可以及时喊停。如果不想被 Cici 控制局面，就要在发现漏洞时及时打断她，挑战其论据的严谨性，打乱她的谈判节奏。

◆ 实战 3：用"六大心理法则"，提升自己的职场影响力

其实，谈判也好，冲突也好，都不过是职场竞争中的一些沟通形式，其本质是双方职场影响力的对抗。职场中的竞争是难免的，而且也难免会遇到不喜欢的人或事。抱怨或争吵是无用的，不要让自己陷入这些负面的情绪，也不要过于在意对方的言行。我们应把精力放在自己身上，不断提升自己的职场影响力，释放满满的正能量才是最好的进攻。

要想释放自己的正能量，可以用"六大心理法则"提升自己的职场影响力。

喜好
每个人都喜欢正能量，用整洁的仪表、阳光的微笑、热情的态度，把元气满满的状态传递给身边人，相信他们会喜欢你

权威
在做汇报或提案沟通时，可以提前让该专业的前辈指点，或者附以行业数据论证，会让你的汇报或沟通更有说服力

稀缺性
挖掘自己在某项专业技能上的潜力，保持专注将该技能发挥到极致，建立自己在该领域的不可或缺性，会让你更有竞争力

承诺和一致
如果你希望态度含糊的同事跟你统一立场，就勇敢去追问，争取明确的答复，获得对方的承诺后，会让他更有压力采取一致行动

互惠原理
如果你经常帮助身边的同事，那么同事也会心存感激，会希望能够回报于你

社会认同
建立自己的职场核心圈，在表达自己的观点时，小伙伴们一起给予肯定与支持，会比自说自话更容易获得群体的认同

六大心理法则

◆ 心理学技巧——六大心理法则

"六大心理法则"源自著名的心理学家罗伯特·西奥迪尼博士所著的《影响力》一书，书中解释了隐藏在心理学背后的六大原理。我们再来一起深入了解影响力背后的心理法则吧。

○ **承诺和一致**
一旦我们做出某个选择或选定了某种立场，就会产生心理压力，希望前后能保持一致。在这样的压力下，我们会以行动维护自己之前的决定

○ **互惠原理**
如果别人对我们示好，我们就会想以一种类似的行为加以回报。尤其是对方施恩于我们，我们就会容易产生亏欠感，也想以恩情回报对方

○ **社会认同**
我们容易受到他人行为的影响，尤其是在特定状态中，我们看到别人在某种场合做某件事，就会认为这样做是有道理的

○ **喜好**
大多数人总是更容易答应自己认识和喜爱的人所提出的要求

○ **权威**
我们容易受权威人士的意见影响，如某个领域的专家或者有经验的前辈

○ **稀缺性**
我们容易迷信机会越少见，价值似乎就越高。对失去某种东西的恐惧，更能激发我们的行动力

最后，想和大家分享的是，在工作中应该形成自己的行事风格，与其过于在意对手的做法，不如提升自己的职场影响力，让自己无懈可击。不战而屈人之兵，做好自己，才是最好的进攻。

为了前进，光靠行动还不够。首先，有必要先了解当朝哪个方向行动。

—— 古斯塔夫·勒庞（Gustave Le Bon）

第4章 怎样科学地让 "负能量" 滚蛋

如果你的朋友是一位诗人，也许你会觉得很有趣，他的各种天马行空的幻想，给生活带来更梦幻的色彩。但当这位诗人一不小心变成了你在职场中的合作伙伴，那些不接地气的想法，往往只会变成工作中的噩梦。

接下来，我们就来看看汪小白的职场噩梦，当她遇到九型人格中的4号浪漫型，对方从有趣的朋友变成了可怕的伙伴时，她该怎么力挽狂澜……

问题：每个月都有不想上班的那几天

每当遇到徐小主，汪小白都觉得自己已然是模范员工。徐小主是个迷信星座的人，只要心情不好、诸事不顺，她就会归罪于"每年都有水逆的那几天"。但是据汪小白观察，这真怪不到星座头上。因为肉眼可见的是，徐小主天天都丧气满满。

徐小主叫徐蓉，是汪小白的大学同学，以及目前的合租室友。合住这大半年，汪小白数次挣扎过这段"缘分"要不要坚持下去……其实徐蓉人还是挺好的，就是太情绪化，时而是一个周末会给你准备阳光早餐的贴心室友，时而是一个在专业问题上纠结的顽固派，时而是一个天马行空的艺术家，时而是一个宇宙级的"负能量黑洞"。

虽然徐蓉和汪小白一样是广告专业毕业的，但她自小爱画画，大学时又学了各种绘图软件，毕业后就做了室内设计师，正好她的公司和汪小白的公司在同一栋写字楼里，于是两人就成了室友。

两人有时晚上一起吃顿火锅，有时中午一起喝杯奶茶。一开始，汪小白的感觉还是挺好的，没想到时间一长，问题就暴露了。

"设计稿又被'毙'了，超级郁闷！画了那么久，细节都优化过很多次了，他们是眼瞎吗？

"为什么细节不重要，质感就是来自细节，这是'工厂风'，不是盖工厂。

"今天又下雨了，都连着下一周的雨了，好心塞。

"泡面里为什么会少一包调料，郁闷……"

每当这个时候，汪小白就只有搬出丘吉尔的励志故事，语重心长地给徐蓉做一番"心灵大保健"。

"你看在第二次世界大战期间，外部德军用闪电战策略攻陷了大半个欧洲，内部内阁是个烂摊子，国王不待见他，40 万人的军队在敦刻尔克等死，内忧外患，就是正常人天天想着这些破事，也得抑郁吧，何况丘吉尔本身就有抑郁症呢，他最后不是也扛过来了吗？他不仅自己扛过来了，还弄了那么多艘渔船把军队捞出来了，让英国也扛过来了。而且丘吉尔除了是英国首相，还是作家、画家、演说家，获得过诺贝尔文学奖。你看他也是艺术圈里的呢！亲，咱只是少一包调料而已，不至于郁闷啊，至少泡面还在呀。"汪小白振振有词地说道。听完汪小白的"鸡汤"，徐蓉终于可以开心地泡个面了。

总之，和徐蓉在一起，那就是无尽的抱怨。本来都是些小事，汪小白有时听听也就过去了，反正朋友之间吐槽一下也正常，随着时间的推移慢慢磨合也就习惯了。但千不该万不该，汪小白做出了朋友之间最不该做的一件蠢事。汪小白的公司要做翻新装修，她顺手就把徐蓉推荐给了公司的行政人员。没想到这一举手之劳，就成了一个甩不掉的锅。

如果想做好朋友，就最好不要在一起做事。这似乎是友情里很难打破的一条魔咒。自从徐蓉接到了汪小白公司的装修设计单，她向汪小白的抱怨也就达到了顶峰。

一方面是徐蓉的各种不满："为什么要改？""为什么又要

改？""怎么这么赶，你们公司的人到底懂不懂设计？！"

另一方面公司的行政人员也对"徐大师"颇为不满："为什么没改？""为什么还没改？""怎么这么慢，我们是要装修设计，不是让她搞艺术创作？！"

这一单是在汪小白的介绍下促成的，结果双方的吐槽火力最后都集中在汪小白身上。汪小白被夹在中间，一边是公司同事，一边是同学兼好朋友，这事又是自己撺掇的，怕两边彻底闹崩，所以有什么修改意见，汪小白也只好两边打圆场，当和事佬，简直崩溃："这关我什么事啊。"

分析：情绪化？！走近 4 号浪漫型

汪小白： 大师，您说我是不是自己给自己挖了个坑。

老禅师： 也不能这么说，俗话说"助人为快乐之本"嘛。

汪小白： 但我这儿助着助着，不仅朋友没变快乐，还把自己的快乐给搭进去了。

老禅师： 哈哈，你这位朋友属于 4 号浪漫型，难免有比较忧郁的一面，容易敏感、情绪化，适合搞艺术。

汪小白： 大师总结得很对，她搞艺术确实挺有天分，以前上学老师总夸她感知力强。

老禅师：嗯，其实感知力强，就是沉浸在自己的世界中，自我意识太强，所以有时很难站在别人的角度考虑问题。

汪小白：是啊，她在意的那些细节，根本不是项目的重点，而且她在沟通时不能换位思考，所以才总有矛盾。

老禅师：换位思考需要足够客观的视角与包容的心态。心理学常提到一个概念叫"共情"，用老话来说就是将心比心，一方面理解对方的情绪，另一方面不被对方的情绪带偏。

汪小白：唉，但对方的负面情绪太重，有时也会被她带节奏，听的抱怨多了也好烦。

老禅师：正常，要不怎么有"情绪垃圾桶"这一说法呢。这世上本没有垃圾桶，垃圾被倒得多了，也就成了垃圾桶。

汪小白：就是，本来人家还想当 KFC（肯德基）的"开心全家桶"呢。

老禅师：那就试试情绪的反向传递，如果不想被负面情绪带节奏，就用正面情绪去影响她。没有人能抗拒正能量。

汪小白：但这个项目的状况确实特别糟糕，我想想也觉得泄气，不知道怎样才能传递正能量。

老禅师：现状糟糕，并不等于心态也要糟糕。情绪是人一辈子的宿敌，但只要你能将现状与心态割裂开，就会发现一切负面情绪都是纸老虎。

汪小白：那要怎样割裂开呢？

老禅师：下面就让我们学习一下"情绪 ABC 理论"吧，试试看如何让浪漫型的人从"情绪垃圾桶"走向"开心全家桶"。

解答：4 号浪漫型的心理模式

悲观、忧郁、抱怨，每个人都可能有一些负面情绪，但在生性浪漫的人身上，这些负面情绪往往会更明显些。在学习"情绪 ABC 理论"之前，我们不妨先来探索一下 4 号的内心世界。他们也许是你身边杞人忧天的同事，也许是你相处时有点"玻璃心"的闺蜜，也许是本心善良却似乎过度敏感的小朋友，你该如何和他们相处呢？

用一句话点评 4 号的心理模式就是：跟着感觉走，自己喜欢的，就是最好的。

案例：

汪小白的室友"徐小主"，可能是比较极端的例子，但 4 号这样的浪漫主义者，我们不难碰到。以前我在工作中，曾对接过两位风格截然不同的 4 号客户。一位被小伙伴们背地里称为乔叔，因为他每次开会都创意不断、滔滔不绝，总以乔布斯为偶像，但思路天马行空，最后其实很难实现。另一位叫萌哥，因为他天生"呆萌"，总是一副超凡脱俗、睡眼蒙眬的神情，开会很少发言，但一旦发言，每句话似乎都和大家不在同一个频道上。小伙伴们纷纷表示领悟不到萌哥的境界，不知道他到底想要表达什么。

浪漫的4号
人生如戏，不是我忧郁，是戏悲剧

■ 分析：4 号浪漫型的内心与外显

不管是天马行空的，还是呆萌寡言的，其实浪漫的 4 号是富有创造力的一类人。他们仿佛是天生的艺术家，内心往往细腻、敏感，但与之相伴的是更为强烈的孤独感与缺失感，所以他们看起来总是有些忧郁。他们希望自己是独特的，希望自己能创造出与众不同的风格。

他们在表达上，喜欢以讲故事的方式引入主题，并且在讲述时会将情绪完全投入。比如乔叔，他在演讲时仿佛自己就是乔布斯，自我沉浸，会很有感觉。这种类型的人，其实内心往往专注且单纯。比如萌哥，虽然感觉他总是眼神迷离、神游八方，但他是一个很好说话的老实人。

4号往往是比较感性的，口头禅是"特别、不一样、品味、创意、感觉、心情、我觉得"。他们生性浪漫，追求真实，但有时一旦感觉对方不理解，就会走向另一个极端，可能产生情绪化的埋怨，表现出敏感继而言语刻薄的一面。

实战：瞬间传递正能量的心理学技巧

4 号的感性，导致他们容易被外界因素影响，过度敏感，情绪化的时候比较多。有时可能不过是一件小事，但对于 4 号来说，也许就会带来一整天的郁闷。那么，如果我们在职场中遇到这样一两个敏感、忧郁的小伙伴，应该怎样向他们传递正能量呢？

下面就让我们先来了解一下 4 号的内心构造吧，探探低气压产生的源头。

■ 4 号浪漫型的 Yes or No

- 渴望独特。喜欢有创造力的东西，不喜欢被类比或被看作和他人一样。

比如汪小白的好友徐蓉，在创作上会执着于追求匠人情怀，面对设计工作，会有个性化的追求，希望自己的独特被欣赏。在和她沟通时，千万不能说"你就照那个谁谁的设计抄一个就行"，否则有原创节操的徐蓉肯定当场"暴走"。所以，在和 4 号沟通时，要尊重他们对独特性的追求。

- 相信自己的感觉。喜欢沉浸在自己的世界中，不喜欢被他人束缚或严厉要求。

比如，面对天马行空、自由不羁的乔叔，小伙伴们屡试不爽的经验就是，只要抓住"创意""爆点"这样的关键词来沟通，就能抓住他的注意力。而如果按照条条框框一条一条地讲解，他就容易心不在焉。因此，在和4号沟通时，从富有浪漫精神的角度切入更有利。

- 需要对方的坦率和真诚。脆弱敏感，喜欢直言不讳，也希望对方能直言不讳，不喜欢对方隐藏或掩饰。

比如，萌哥是小伙伴们公认的态度最友善的客户，虽然话少，但言辞真诚、"人畜无害"。与其交往的原则是，你要对他同样真诚，有信息要及时同步，开玩笑要注意尺度。萌哥有时会有点敏感，一旦被他打上小黑叉，就很难再回到他的好友名单中了。面对敏感的4号，你需要更为细心地呵护他们的内心感受。

· 执着的4号 ·
真的自己 别人没有的

■ 怎样提升 4 号浪漫型对你的好感度

了解了 4 号是个多愁善感的"宝宝"后，我们就来聊聊怎样关爱 4 号"宝宝"，才更容易博得他们的好感。

- 感性共情，给予温暖与支持。4 号其实是个感性且温柔的家伙。比如，面对萌哥，相比一上来就公事公办的刻板态度，采取亲切的态度沟通会更顺畅。所以，试着来点更有感情、更人性化的讲述，会让 4 号更喜欢你。

- 见好就收，在适当的时候梳理逻辑。比如，小伙伴们有时暗笑乔叔的注意力分散，像个有多动症的小孩，讨论的时候眼神总不聚焦。所以，在沟通时要帮思维跳跃的他梳理逻辑，做阶段性的总结，让沟通的脉络更清晰，这样会让他觉得你很给力。

- 在面对问题时，真诚坦率且坚持原则。比如，徐蓉在创作上的全情投入，有时可能让她在陷入误区时也依旧执着。如果你能耐心地倾听她的声音，同时坚持自己的观点，引导她回到正确的道路上，换位思考，真诚、坦率地与她沟通，她其实是可以转变立场的。共情，不是被对方的负面情绪带偏，而是应该通过换位思考更好地帮对方走出困境。可以试试用"情绪 ABC 理论"，更好地帮对方梳理现实情况并应对负面情绪。

九型小贴士

用上方的魔力词会更容易获得4号的好感

接下来，我们可以看看在不同的场景中，用"情绪 ABC 理论"，汪小白应该怎样与徐蓉进行更好的沟通。

◆ 实战 1：用"情绪 ABC 理论"，客观分析对方的负面情绪

徐蓉：哎，烦躁，提案又被否定了，他们根本就不懂设计，要不是为了挣钱交房租，我才不想理这帮外行人，一点审美都没有，这班上得太糟心了。

汪小白：要是每个人都审美一流，很多艺术家就不会"饿死"了。想开点，否就否了吧，客户喜好这种事有时是很感性的，不代表你的设计水平不行。就像有人就是爱吃五仁月饼，不爱吃冰激凌，那你能说五仁月饼就比冰激凌好吃吗？这毕竟是工作，不

是搞创作。何必为了几句外行人的话不开心呢！走，请你吃个冰激凌。

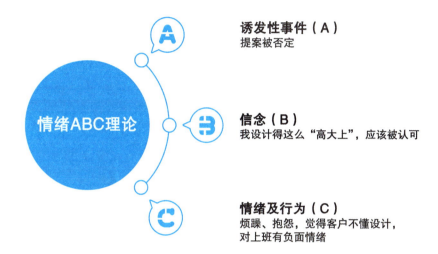

诱发性事件（A）
提案被否定

情绪ABC理论

信念（B）
我设计得这么"高大上"，应该被认可

情绪及行为（C）
烦躁、抱怨，觉得客户不懂设计，
对上班有负面情绪

"情绪 ABC 理论"分析：没有期望就没有失望。同样是提案被否，为什么有的人能沮丧一天，而有的人吃个冰激凌就过去了？诱发性事件（A）都是一样的，但每个人不同的信念（B）导致了不同的情绪及行为（C）。著名心理学家阿德勒曾说过，最重要的不是你经历过什么，而是你怎样看待你经历的事。因此，即便是同样一个事件（A），只要你转变信念（B），就会改变情绪及行为（C）。这就是"情绪 ABC 理论"。我们再来系统性地总结一下。

◆ 心理学技巧——情绪 ABC 理论

"情绪 ABC 理论"的创始者埃利斯认为：正是因为我们常有的一些不合理的信念，才使我们产生了情绪困扰。

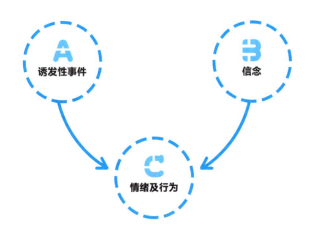

A 是指诱发性事件，就是我经历了什么；B 是指信念，就是我认为或希望怎样；C 是指情绪及行为，就是我的感受是怎样的。

通常情况下，我们认为自己之所以有负面情绪，是因为从 A

到 C，即我经历了不好的事，所以我难过。但其实中间还有 B，也就是我的主观预期，也影响到这种负面情绪。就像同一场考试没有过，一个人满不在乎，另一个人却伤心欲绝；白衬衫上溅上小污点，有的人苦笑一下就过去了，有的人却抱怨一天。

同一件事，每个人的感受是不同的。所以，我们的情绪如何并非完全取决于发生了什么，而是在于我们对这件事怎么看。

■ 怎样解决与 4 号浪漫型的冲突

由于 4 号是比较情绪化的，所以一旦其负面情绪的闸口开启，就需要更多的耐心才能让 4 号安心。我们可以试试用以下三步解决问题。

- 第一步：在 4 号的怒气值比较低的时候，留给 4 号发泄情绪的缓冲带，让 4 号先把话说完。比如，萌哥属于沉默派，但当他进入情绪化状态时，有可能马上从"闷罐子"变身"吐槽大王"。你最好给出真诚的开场白"亲，是不是有什么不爽的事"，让 4 号先把抱怨情绪释放完，再进行交流。

- 第二步：在 4 号已经进入情绪化状态的时候，理解 4 号的敏感，但不要指出他们的敏感。4 号觉得自己有情绪是应该的，所以很介意被人批评这一点。这种感觉大概就像当妈妈处于更年期时，你对妈妈说"你这就是更年期导致的"，你猜下场会怎样。

- 第三步：如果已经爆发矛盾，4 号可能容易陷入反复纠结，这时帮助 4 号梳理逻辑有助于推进解决。比如乔叔，如果他已然愤怒到极点，在一个问题上来回重复，多半是他觉得你还是没懂他的意思。最好的办法是此刻做个小总结，复述一下他的观点，这样他就能放心地让你继续了。如果再用上"Yes 心理定向技巧"，把自己的观点顺带推出来，就会更容易让 4 号点头。

◆ 实战 2：用"Yes 心理定向技巧"，让对方在不知不觉中认同

周末，一个阳光灿烂的日子，徐蓉却要心情悲惨地改图。作为徐蓉的"御用鼓励师"，汪小白该如何平复她"改"无止境的创伤，让徐蓉风轻云淡地开启加班的一天呢？汪小白用"Yes 心理定向技巧"，可以这样表达。

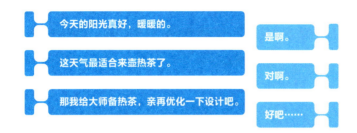

　　以上就是运用"Yes 心理定向技巧"持续营造肯定的氛围的典型案例。比如，英国人喜欢见面聊天气，也是这个道理。在天气上先达成共识，让对方在潜意识里产生认同感，从天气到喝茶，持续营造肯定的氛围，你再提出诉求，对方会更容易答应。

　　接下来，我们就来进一步了解一下"Yes 心理定向技巧"背后的原理。

◆ 心理学技巧——Yes 心理定向技巧

　　人往往容易产生追求"前后一致"的心理作用，对于自己的言行总希望保持一致。基于这个原理，在闲聊时先利用自己的发言诱使对方说出"Yes"，等到正式进行交涉时，对于你所提出的要求，对方将难以说出"No"，相反点头答应的可能性很高。

运用这个技巧的关键在于，要在一开始就营造出让对方满意的谈话氛围。例如，询问"今天天气真好"等有着确定答案的话题时，对方只能回答"是啊"，以这个方式持续提问，营造出一种对方难以回答"不"的氛围。

人在重复回答"是"的过程中，由于潜意识里想保持发言的一致性，自然而然不容易说出"不"。运用"Yes 心理定向技巧"，能让对方在不知不觉中接受你的请求。

加薪必修课之第四课：怎样传递正能量

工作经验和专业能力差不多的两个人，一个怨气满满，另一个积极阳光。如果有一个加薪的机会，你会选择谁呢？

相信即便这两个人为项目付出的努力是差不多的，你也会更倾向于选择积极阳光的人吧。那么，积极阳光的心态该如何打造？如果你遇到悲观忧郁的同事，或者怨气满满的伙伴，你该如何鼓舞他们的士气？换句话说，4 号多半是比较典型的敏感忧郁者，如果你需要和 4 号共事，你该怎么做才能让他们积极起来呢？

接下来，我们就以汪小白为例，看看她是如何向容易产生负能量的 4 号传递正能量的。

- 尊重对方的敏感与独特。4 号的心里大都住着一个艺术家。比如，乔叔喜欢在装扮上独树一帜，在发言上感情充沛，在观点上个性张扬，甚至有时让人觉得太戏剧化了。但即便你不喜欢对方的个性化风格，也请表示出尊重对方个性化的权利。艺术家会感激知音者的点赞。

- 当对方陷入负面情绪时，给对方留面子，冷静措辞。比如，徐蓉的"偶像包袱"很重，如果她的吐槽你无法接受，也不要当众反驳；如果她言辞激烈，那你更要以静制动，不然她很容易反弹，以暴制暴，绝不服输。正能量有时就是能让步，让对方感受到你的微笑与大度，同时自己不要跑偏，要梳理逻辑。

- 以情动人，真诚、平和地说出自己的感受，将对方带入你的情绪中。执着的 4 号是绝不会勉强自己、委曲求全的，但 4 号也有温柔心软的一面。如果气氛陷入僵局，你可以试试采用以退为进的策略，也许更容易得到 4 号的理解。

满是怨言地工作和心甘情愿地加班，一定有不一样的产出。下面我们看看，汪小白是如何使用小技巧，帮抱怨的 4 号减小吐槽力度，调整状态开始工作的。

◆ 实战 3：用"留面子技巧"，给负能量一个缓冲带

公司又修改了装修设计的需求，需要在三天内改完。由于修改时间太紧，公司决定让汪小白负责沟通。面对这种一看就知道会被"徐大师"吐槽的紧急需求，汪小白决定用点小技巧让她接受。

汪小白：徐大师，设计稿在大方向上已经很棒啦，这边略有些修改意见，要改的地方不多，就是时间比较紧，你看今天改好可以吗？

徐蓉：今天，这怎么可能改好，以为是变魔术吗？！

汪小白：嗯嗯，他们是不太了解设计的复杂性，我再去沟通一下，那你看明天改好可以吗？

徐蓉：那也来不及，太赶了，你们怎么想一出是一出。

汪小白：我们这边要得确实特别急，那你看后天行吗？本来要求是今天完成，最迟推到明天，我现在只能尽量协调，看看能否推到后天，真的没法再拖了，拜托大师了。

徐蓉：那好吧，我尽量。

"留面子技巧"分析：当你的需求过于紧急，预料到有可能

被对方吐槽甚至拒绝的时候，不妨将需求的困难度再拉高两个等级，正所谓"没有对比就没有伤害"。汪小白先提出今天改完，被拒绝，然后提出推迟到明天，又被拒绝，最后提出真实需求，最迟后天改完。在这种情况下，对方就不好意思再三拒绝了。

◆ 心理学技巧——留面子技巧

留面子效应是指人们拒绝了一个较大的要求后，对较小的要求就会更容易接受。从心理学的角度讲，就是对方拒绝了你之后会产生心理压力，这时如果你再给出妥协性让步，出于给彼此留面子的考虑，对方会更容易答应。所以，为了更好地使对方接受你的要求，你可以在提出真实要（需）求之前，先提出一个更大的要（需）求，这就是"留面子技巧"。别人拒绝了你第一次、第二次，就不好意思再拒绝你第三次了。比如，在沟通姿态上，面对对方满满的怒气，你不但没有强行争辩，反而退了一步，又退了一步，在退第三步时，对方往往会不好意思再继续冷脸下去。

大要求　大于真实要求，知道对方不可能答应的要求

小要求　在大要求被拒绝后，降低要求，做出让步

真实要求　提出真实要求，对方不好再拒绝，容易接受

　　简单来说，"留面子技巧"就是以退为进，当你预料到要达成的目标不容易，对方的负能量会如排山倒海般袭来时，你不妨将姿态放低些，预留出退步的空间。当你一让再让，给对方的怒气值预留出缓冲带时，就会将负能量化于无形。

　　无论之前的人生发生过什么，都对今后的人生如何度过没有影响。决定自己人生的是活在"此时此刻"的你自己。

　　　　　　　　　　　　　　——阿尔弗雷德·阿德勒（Alfred Adler）

第 5 章　怎样叫醒一个"装睡的人"

在职场沟通中，最尴尬的情况莫过于冷场。观点不一致，或者立场矛盾，出现冲突很正常，大不了吵一架再吃一顿火锅解决问题。但最怕的就是遇到沉默的"冰山"——"宝宝"心里有气，但是"宝宝"不说！

汪小白就在工作中遇到了这样一位"傲娇小宝宝"，九型人格中的 5 号理智型。接下来我们就和她一起看看如何解决这道职场难题。

问题：这不是装睡，这简直是叫板

你曾听到过哪句话能瞬间浇灭你的热情？汪小白感觉李远每天都能为这个问题刷新一个答案。尤其是今天，他只用了一个字就突破了"新高"。

项目好不容易有了突破性进展，老板及客户都确认了方案。

这是一个五星级的大项目，各种修改折磨了大家这么久，今天终于可以进入落实阶段了。汪小白从老板的办公室中出来时满面红光、走路带风，只要这个项目顺利完成，自己立下大功，年底就能妥妥地正式升职了。想到这儿，汪小白一鼓作气，召集组内各个小伙伴，开始分配工作。

这个项目如何如何重要，后续工作应该如何如何开展，汪小白在兴头上滔滔不绝地讲了一大堆。

"哦。"而这就是李远的全部回答。

本来兴致勃勃的汪小白，瞬间感觉被"伏地魔"的"冰冻魔法"击中。怪不得常言道"聊天止于呵呵，分手始于哦"，这个字果然有如此强大的杀伤力，让人的心情瞬间跌入谷底。

汪小白一想到当组长以后还要继续管理李远这么个"泼冷水大师"，就觉得头大。

李远分到汪小白组已经有半年了，但小伙伴们经常忘记组里有这么个人。其实，李远是从别的组调过来的老员工，按道理相比职场新人，他应该能很快融入这个团队，但他都来这么久了，却一直没什么存在感。

这是因为李远这个人人如其名，面对组内的各种事情都统统"离远"，一副"扑克脸"，喜欢独来独往，很少和同事聊八卦。他从来不参加团建活动，不出席任何聚餐，会上很少发言，就连在微信群里都是长期"潜水"。而在工作上，汪小白感觉李远的专业能力其实还是挺强的，但可能就是因为他太强了所以难以驱动。他经常挑战性地反问这个问题是否深究过，或者做这件事有没有价值。每次和他沟通都令汪小白心力交瘁，唉……

私下里汪小白实在忍不住和金晶吐槽，感觉李远也不是针对自己，但真是不知道该怎么和他相处。

没想到金晶竟然接话道："你知道李远为什么会转到我们组吗？简直就是'杨修之死'。"

看汪小白一脸茫然，金晶颇为得意，不愧是公司第一"狗仔"。她马上告诉汪小白这个劲爆的八卦，原来李远转到这个组，其实是被前组长排挤走的。

其实，李远在之前的工作中还是挺认真的，但就是有些情商低，就事论事，喜欢在专业领域钻牛角尖，所以在之前的组里也不太讨人喜欢。前组长一直不太待见他，但考虑到他没出什么大问题，总归忍忍也就过去了。可有一次，在一场客户会议上，双方本来已经快达成共识了，李远突然发现方案中有个漏洞并当场指出，于是本来可以马上收到预付款的项目，就这样被耽搁了。而这件事过了没多久，李远就转岗了。

原来李远转岗的背后是这样的故事。听金晶讲完，汪小白一方面对这位"高冷先生"有了几分同情，可另一方面觉得更加惆怅了，面对这种不谙世事的人，实在是天意难测啊，不知道如何沟通还是小事，以后如果他突然搞出个"雷"，那就麻烦了。

分析：高冷怪？！走近 5 号理智型

汪小白：其实我感觉他人还是挺好的，但就是太"高冷"了，不知道该怎么接近他。

老禅师：5 号是理智型人格，总是习惯将自己置身事外，保留心理距离，所以给人的感觉比较"高冷"，一副"生人勿近"的样子。

汪小白：是呢，虽说沟通是解决问题的第一步，但我不是不想和他沟通，是不知道该怎样和他沟通。

老禅师：一次有效的沟通，不仅需要智商，更需要情商。

汪小白：当然，情商高就是好好说话。

老禅师：哈哈，现在大家都喜欢提"情商"这个词，那什么是情商呢？

汪小白：额……这被问住了……

老禅师：现在大众意义上的情商，多半指为人处世是否得当。但其实心理学上的情商，即情绪智力，是指在情绪、意志、耐受挫折方面的能力。可以从自我认知、自我管理、自我激励、识别他人情绪、处理人际关系这五个方面进行评估。

汪小白：感觉好复杂、好专业。

老禅师：其实没那么复杂，只要反问自己五个问题就好。我是否了解自己？是否能控制自己的冲动情绪？是否能自己调整低落心态？是否能体谅别人？是否能和别人愉快相处？

汪小白：那这么说，感觉李远的情商确实有点低，不知道他是否了解自己。他在工作上说话不分场合，态度也挺消极，而且不怎么和别人沟通，不太合群。

老禅师：少评价他人，多反思自己。我告诉你这五个要素，是希望你多看到自己的问题。

汪小白：好吧，我才是情商低。

老禅师：想要改变现状，先要改变自己。当你自己能做出改变时，外界也会随之而变。甘地曾说过，欲先改变世界，就先改变自己。

汪小白：若想要看到变化，就必须成为改变的本身？

老禅师：是的，欲变世界，先变其身。这放在人际交往中也是一样的，私下吐槽无意义，既然你觉得这种相处模式很不自在，就必须主动打破这个僵局。

汪小白：是呢，抱怨解决不了问题，我也想改变，那应该怎么做呢？

老禅师：5 号很理性，尊重客观事实，并充满求知欲。可以试试用"期望值理论"来激发李远的积极性。

汪小白：“期望值理论”是什么？

老禅师：简单来说，就是为他制定一个有可行性的小目标，这个小目标要是他感兴趣的方向，而且要能落地，并且要有回报。

汪小白：嗯嗯，也许可以试试。其实他的专业能力很强，之前工作还是挺用心的，只是可能转岗那件事对他的情绪有些影响吧，希望能够帮他调整过来。

老禅师：5 号的性格是喜欢建立屏障，隔离自己的感受。但每个人都是孤独的，不管再被动、再内敛的人，都希望能有真诚友善的倾听与鼓励。

汪小白：嗯，大师之前说过，没有人能抗拒正能量。

老禅师：是的，其实每个人都在内心深处渴望被关心。归根结底，不管长到多大，每个人都有小孩子的任性一面，所以有时把对方当“宝宝”来相处就好了。

汪小白：好像有点道理，但我又不是幼儿园老师，不知道怎样和宝宝相处。

老禅师：比如，宝宝都喜欢听到表扬，想得到小红花。

汪小白：是呢，所有人都喜欢听好话，想看到朋友圈被点赞。那我应该怎么发小红花呢？

老禅师：不仅要赞，还得赞到点上，这就需要心理学技巧了。

汪小白：哇，还有套路可以助我点赞，求科普！

老禅师：那就来了解一下毕马龙效应、温莎效应、正反馈效应吧。

解答：5 号理智型的心理模式

5 号这种"生人勿近"的气场，确实很容易让人误会，让人不敢亲近，不知道该怎么相处。但是在工作中，难免还是需要和这些"忍者"合作。其实，5 号并没有他们表现出得那么可怕，只要顺着 5 号的心理模式体会他们，你会发现看似傲娇冷漠的"忍者"，其内心却是客观公正的"隐士"。

用一句话点评 5 号的心理模式就是：只要足够理性，就能在混乱中找到秩序。

案例：

就像汪小白对李远本能地想"离远"，相信大家都碰到过这种"感觉也不是坏人，但就是一说话就气死人"的人。小薇，我身边的一位做广告创意的朋友，专业能力没话讲，但就是开起玩笑不分场合，有时还拿客户讲段子，搞得大家在开对外的提案会时都不敢叫她参加。另外一位老师谢博士，也是俗话说的"刀子嘴、豆腐心"，对事不对人，因此经常得罪人。一次，他在会上当面指出领导的引文错误，搞得全场十分尴尬。但好在谢博士大隐隐于学校，最多也就是失意，还不至于失业。

■ 分析：5 号理智型的内心与外显

5 号理智型，因为用脑大于用心，所以很多时候会表现得不爱交际，或者不近人情。在 5 号的内心深处，真理高于一切。他们就像《皇帝的新装》里的那个小孩，只要观察到真相，就一定要客观地指出来。例如谢博士，如果他在会后私下提醒领导这个引文错误，就会处理得更得体，也许对方还会感谢他；但是他在会上发现错误的那一刻，就一定要立刻、现在、马上捍卫知识的正确性，而容易忽略对方的感受。客观真理高于主观感受，这就是 5 号。所以,5 号的口头禅是"我认为、我的立场、我的建议、我的分析"。

5 号的外在表现是要么沉默寡言,要么愤世嫉俗、孤僻清高。虽然同样让人感觉难以亲近,但不同于 1 号的严肃刻板,5 号更多的是有种孤芳自赏的气质。就像汪小白的这位同事李远,会尽量逃避聚餐这种集体性活动。让 5 号违心客套一下,在他们看来简直是一种"士可杀不可辱"的感觉。

这是因为 5 号的内心更多的是追求睿智深刻,而非荣耀成功。他们在工作中更在意专业实力,懒于或迟钝于运营人际关系,就像在小薇看来,她那些玩笑只是不拘小节的表现。5 号喜欢在幕后深思熟虑,去全盘分析事理,去抽象总结逻辑,所以他们会觉得外界的热闹是一种肤浅。而相应地,外界也会觉得 5 号自以为是、傲慢冷漠,缺乏亲和力。但其实 5 号表现出来的冷静,并不代表冷漠,他们对公平正义的执着,往往高于其他。

实战：让"忍者"开口的心理学技巧

相信通过以上总结，大家对看似冷淡的5号有了不同的认识。面对这样沉默寡言、不爱社交的朋友，我们该怎样和他们拉近距离，又不惹他们讨厌呢？

下面我们就针对5号的喜恶，有的放矢地建立良好的分寸感，当在团队中遇到这样的小伙伴时，也能召唤他们一起努力划起友谊的小船。

■ 5号理智型的 Yes or No

- 独立思考。喜欢独来独往，需要隐私空间，不喜欢被打扰。

比如，李远在做专业上的活儿时，能力很强，可以独当一面。当项目遇到难题时，他很少抱怨，而是选择不声不响地通宵加班来解决。但与之相对应地，就是没有团队意识，不喜欢和队友商量，因为他认为独立思考比集体决策更靠谱。因此，给他留出一定的时间和空间，让他有所沉淀后再探讨，比第一时间就强拉他参与对话，会更容易让他接受。

- 热爱探索未知。喜欢学习，相信知识的力量，不喜欢浮夸、粗浅的言辞。

比如，小薇在广告创意方面做得好，那是因为她平时在知识领域涉猎广泛，爱看书，对世界充满好奇。她有些玩笑也许伤人而不自知，但接触久了，你就会发现她其实是一个单纯的理想主义者。如果你能在哪个知识领域聊些她所不知道的新鲜事，她就会瞬间化身"好奇宝宝"，对你热情地问来问去。

- 需要对方专注于本质。喜欢冷静思辨，不喜欢冲突过于激烈的讨论环境。

这个特性表现得最典型的，就是谢博士，他习惯在某个知性的话题上和对方客观探讨。参与讨论的人最好不要太多，并且每个人对该话题都有所深入研究，这种时候谢博士往往会超常发挥，侃侃而谈。而一旦换成群策群力的大会场合，讨论气氛一激烈，谢博士就有点不适应了，只是看别人吵都会坐立难安，不管有再多想法也不吭声。所以，如果了解了他的这种脾性，想听听他的真知灼见，就尽量安排两三人的小范围会谈，也许你就会感受到这位观察者剥茧抽丝的智慧。

理性的
5号

世界上80%的话都是蠢话 何必多言

■ 怎样提升 5 号理智型对你的好感度

我们已经了解了 5 号的内心世界，那么怎么做才能在具体行动上接近他们，让彼此之间的信任感慢慢提升呢？你需要注意到以下这些细节。

- 提前约定沟通计划，尊重隐私空间。比如，李远对临时社交非常不适，不喜欢被突然打扰，那么有事可以提前和他约定沟通时间，让他有心理准备，在沟通时不要扯闲篇，尤其不要打探他的个人信息。

- 将问题聚焦在分析上，而非感受上。比如，谢博士在讨论专业问题时会极度客观，所以在表述时不要笼统和含糊，不要夹杂项目外的背景因素，聚焦本质，用数据说话，扼要地陈述事实或理性分析，会更容易获得他的认同。

- 留出思考的时间，允许稍后回复。比如，小薇的很多创意都是一个人回家闭关完成的，她认为那些灵感不太可能在夸夸其谈中产生。她不习惯当场给出反应，更习惯在深思熟虑后发言或直接出稿。所以，如果能适当留给她一段空白期去考虑，往往更容易有结果。

现在，"情商"这个词经常在生活或工作中被我们提及和关注，而且容易被误读成圆滑处事的意味。但真正意义上的情商高，并不是带着功利心去迎合，而是能够理解对方的感受，体谅对方的习惯和情绪。

从以上内容中了解了看似"不近人情"的 5 号之后，下面我们就试着用"情商"五要素为沟通加分、为感情升温。

九型小贴士

用上方的魔力词会更容易获得5号的好感

◆ 实战 1：用"情商"五要素拉近距离，让关系层层递进

不管是在工作中还是在情感上，沟通永远是解决问题的第一步。而在和 5 号沟通时，一定要注意客观逻辑。我们不妨从"情商"五要素方面来做梳理，模仿汪小白和李远做一次走心的长谈，表达出自己的顾虑，和他一起分析优势与问题，帮他做职场长远

发展规划，但又不强求他当场表态，帮他摆脱情绪包袱，对自己有更清晰的定位。

·"情商"五要素·

自我认知	自我管理	自我激励	识别他人情绪	处理人际关系
你的专业能力很强，做事非常专注，但有点不合群，少些亲和力	说话和做事应顾及场合，对言行多注意些	过去的事就过去了，凭你优秀的能力，再多些工作热情会事半功倍	放下自我屏障，如果你能耐心倾听同事的需求，你也会被同事理解	项目需要靠团队协作才能完成，尝试和小伙伴多相处，看到别人的长处

◆ 心理学技巧——"情商"五要素

根据汪小白对李远的梳理案例，我们再来总结一下什么是"情商"。情商，即情绪智力，是指在情绪、意志、耐受挫折方面的能力。美国哈佛大学教授丹尼尔·戈尔曼提出，情商是决定人生成功的关键。他认为情商主要包含自我认知、自我管理、自我激励、识别他人情绪、处理人际关系五个要素。希望大家在掌握了这五个要素的逻辑后，也能试着对自己的情商做个评估。

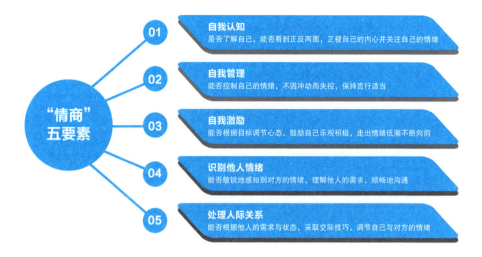

■ 怎样解决与 5 号理智型的冲突

由于 5 号格外注重边界感，所以他们产生强烈对抗情绪的情况并不会太多。他们在内心不满时，习惯独处，自我消化。而一旦难以消化，也许又会出现反弹情绪，形成情感隔阂。所以，在和 5 号产生矛盾时，需要更积极主动地帮助他们解决。遵循以下三步去处理，可能会事半功倍。

- 第一步：让 5 号选择时间和地点，并留出缓和的准备期。比如，谢博士平时温文尔雅，但当出现激烈的临场讨论，要迫切下个结论时，一贯冷静的他有时也会随之变得情绪化。因为当发生冲突时，理智的 5 号并不喜欢立刻交谈，所以应当提前和谢博士约好交流时间，并由他来确定交流地点，这样他往往会表达得更自在。另外，初次交谈时间不必过长，由5号来控制节奏，因为5号在放松的状态下，也许会有进一步的阐述。

- 第二步：当5号表现出愤怒时，你要控制自己的情绪，保持理性，不要让5号感觉到反向压力。比如小薇这个妹子，发怒风格是要么一言不发，要么长篇大论。当她将自己的愤怒和盘托出时，不要打断她，因为5号在沉默时，其实是在封闭内心，此时问题会更为棘手。当小薇"暴走"时，试着耐心倾听，并对她陈述的问题表示肯定，让她先释放完压抑已久的情绪，当火药味消失以后，她会更愿意和你一起处理。

- 第三步：当5号陈述完自己的观点后，经常会敞开心扉，听取别人的意见。比如，可以先让李远把话说完，只有这样你才能客观地、有理有据地陈述李远的工作，同时适当表达自己的感受与预期。当李远畅所欲言之后，你也要进行自我反思。对于工作积极性不高的问题，可以采取"期望值理论"来驱动他，和他约定好下一步行动方案。明确的、可操作的行动方案会让他信心倍增。

◆ **实战2：用"期望值理论"，让对方不再冷脸**

那怎么运用"期望值理论"呢？就是考虑到动机强度、主观达成概率及达成的回报，为李远制定一个小目标，保证这个小目标确实是他通过努力可以实现的，这样就更容易提升他的行动力。根据这三个维度，可以试着这样来说。

　　汪小白：这个项目中会涉及一些全新的领域，非常需要有优秀专业能力和学习精神的人。所以，我希望你能担任项目经理，可能压力会比较大，但我相信你只要拿出专业实力，一定能独当一面。这个项目是我们部门的重点项目，有什么问题咱们一起解决，如果能顺利完成，我们就在季度末申请项目评优，这也会纳入你的绩效中。

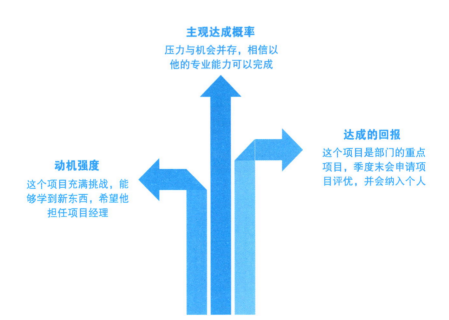

主观达成概率
压力与机会并存，相信以
他的专业能力可以完成

达成的回报
这个项目是部门的重点
项目，季度末会申请项
目评优，并会纳入个人

动机强度
这个项目充满挑战，能
够学到新东西，希望他
担任项目经理

◆ 心理学技巧——期望值理论

　　美国心理学家阿特金森认为，干劲的程度取决于动机强度 × 主观达成概率 × 达成的回报。换句话说，人们通常在不是选择"确实会成功或失败的目标"，而是选择"似乎可实现的目标"的时候，更有干劲。不妨参照这个理论，为总是置身事外的 5 号制定一个切实可行、触手可及的目标，会更容易驱使 5 号快速行动起来。

期望值理论

动机强度 ✖ 主观达成概率 ✖ 达成的回报 ＝ 干劲的程度

加薪必修课之第五课：怎样调动队友的积极性

　　天下没有难搞定的工作，只有不努力的打工人。但是，就算能搞定工作项目上的困难，也不一定能搞定团队磨合上的困难，甚至很多时候，人的麻烦远大于事的麻烦。在团队协作中，即便在讨论中有争执也是好的，至少可以明白问题分歧之所在。最怕的是遇到一个"木头人"，不积极、不参与、不给反应，间接影响团队士气，这才是更棘手的情况。那么，我们就以汪小白遇到的李远为例，来看看怎样更好地调动队友的积极性。

- 沟通的第一奥义是真诚，让对方感觉到你在用心说话。采取主动、坦率的态度，更容易打破隔阂。像李远这样，日常的状态多是不动声色、平静冷淡，甚至是无表情的"扑克脸"，但这只是他为隐藏自己的底牌而展现的表象，这是一种自我保护。想打破这种僵局，不妨自己先开诚布公，亮出本色，会更容易推进交流。

- 在细节上的处理会为你们的沟通加分，因为这代表你认真做过功课。例如，李远喜欢事无巨细地了解全貌，并且认为在细节中会反映出你对整体的态度。因此，在与他沟通时，如果能将事情分解，有条理地逐一陈述，会极大地增强他对你的信任感。

- 如果遇到争辩，要尽可能地克制自己的情绪，多理解与感受对方的习惯和情绪。例如，李远的反应节奏相对缓慢，不喜欢被对方胁迫回应。如果你希望促成更高效的沟通，可以做好准备工作，梳理好议题和议程发给他，让他在脑子里提前有个概念，这样他会给你更积极的反馈，形成情绪的正向流动。

在沟通技巧上，你也可以试试运用毕马龙效应、温莎效应、正反馈效应，给予队友积极的信号，让团队提升士气。

◆ 实战 3：用"三大效应"，提升对方的积极性

即便面对李远这样性格内敛和被动的人，只要巧用这"三大效应"，主动做出正向激励，也可以有效提升对方的积极性，因为每个人的内心都是渴望被关注、被肯定的。

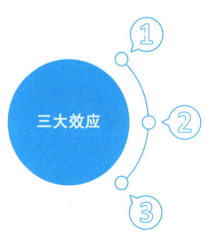

毕马龙效应
坦率地告诉他，你很相信他的专业能力，希望他成为团队中不可或缺的专家和骨干，在项目上能更积极地解决问题，和团队一起前进

温莎效应
表示团队内其他小伙伴都很认可他的专业能力，希望以后能有更多的交流，希望他可以和小伙伴们好好配合，欢迎有空和大家一起聚餐

正反馈效应
在项目中多关注他的努力，除了工作成果，还要看到工作态度。取得阶段性进展时适时鼓励他，肯定他认真负责的态度，会极大地提升其工作热情

◆ 心理学技巧——三大效应

根据以上案例，我们可以总结一下"三大效应"的核心。

毕马龙效应	如果你告诉对方，你对他有所期待，对方通常会为回应你的期待而努力，做出比实际能力更好的表现
温莎效应	从第三者口中听到的信息比直接从当事人口中听到的信息，令人觉得可信度更高。因此，通过第三者的间接表扬，会显得更为真诚，效果加倍
正反馈效应	每件事结束后，都持续、积极地鼓励对方，有利于对方保持干劲，把下件事做好。注意肯定的重点并不一定是结果，而是要肯定对方的努力

没有人不喜欢被表扬，即便是一个看似冷淡的理智者。我们自己也可以感觉到，每当自己的言行得到别人的肯定与赞赏时，我们会觉得满足，同时在"要报答对方好意"的心理影响下，对给予自己肯定与赞赏的对象，会更加有好感，更愿意积极配合对方。

所以，如果你想让团队成员积极起来，不妨试试多给予其认同、肯定、信任，也许更容易调动队友的积极性。学会灵活运用毕马龙效应、温莎效应、正反馈效应，会让你的鼓励更打动人心。

你所害怕的事，从来不会如你想象中那般严重。你自己在脑海里所勾勒出来的恐惧的影像总是会比实际情况糟得多。

——史宾赛·强森（Spencer Johnson）

第 6 章　怎样"干掉"那个 "唱反调的人"

如果一个人天天自我怀疑，已经压力极大了，你再给他施压，他就只能"原地爆炸"了。但是如果你又不得不去找他协调和处理工作中的难题，那么该如何和这样的"高压锅"似的同事沟通呢？

就好像汪小白遇到的这位老员工，属于九型人格中的 6 号怀疑型。汪小白不仅没能缓解对方的焦虑，还被对方带偏了，导致自己也焦虑起来，这可如何是好……

问题：他为什么不去写《十万个为什么》

每次和杨波一对一沟通完，汪小白都感觉身心俱疲。在评估项目的风险性上，杨波简直就是一本《十万个为什么》，事情还没起步，得先和他过完无数个 Q&A。

　　杨波是汪小白合作部门的同事，也是公司多年的老员工，负责的事情比较多，所以汪小白和杨波打过几次交道，但每次都感觉特别艰难。杨波倒不是故意刁难她，就是特别容易陷入细节，自我纠结。

　　杨波长得高高壮壮，却总喜欢低着头，看上去感觉总在担心点什么。他的白衬衫洗得发亮，办公桌上整整齐齐，去过他家的小伙伴表示，他的家里也干净得跟样板间似的。

　　汪小白初次和他见面的时候，就被他的强迫症震惊了。为了熄灭一个烟头，杨波摁了不下十次，又反复检查了十次，确定灭得不能再灭了，才扔到垃圾桶里。一开始，汪小白还有点怕他有什么毛病，后来同事说杨波一直都这样，就是强迫症有点严重，特别谨慎，汪小白这才放下心来。

　　仅一个烟头在他眼里就是一场大兴安岭的火灾，那项目上的各种可有可无的细节问题，在他眼里就是无数个易燃易爆的火药桶吧！算了，忍忍吧，就当是"关爱"强迫症患者。

　　因为以往合作不算太多，自己也了解杨波这方面的毛病，所以面对杨波打破砂锅问到底式的固执和杞人忧天型的顾虑，汪小白还能尽量忍耐。

　　但随着汪小白被提升为储备组长，开始逐渐承担全组职责，和杨波的对接也开始越来越频繁，汪小白的忍耐也就越来越濒临极限。

"唉，这个地方我觉得还是有问题，要不再改改吧。

"我想想，还是不对，要不先讨论讨论再说。

"感觉还是不太行，要不你等我再仔细想想，咱们再确定。"

……

总之，"有没有问题"简直就是杨波的口头禅。自从开启这个重大项目，要和他密切合作、天天沟通后，汪小白连睡觉都能梦到这五个字。

更悲剧的是，紧张情绪似乎会传染，被问多了，汪小白居然也开始在无意中反复确认。有一次，汪小白担心自己忘记锁门，合租室友徐蓉表示她走时锁过了，可汪小白还是又问了三四遍才放心。

徐蓉都被搞"无语"了，说："汪小白，你干脆去波音公司上班吧。"

汪小白问："为什么？"

徐蓉笑道："波音公司为了提升员工的忧患意识，专门拍过一部模拟公司倒闭的宣传片。片子里天空灰暗，厂房门口挂着'出售'的牌子，员工一个个垂头丧气地离开。看完那部片子，波音员工简直个个有了强迫症，生怕一不小心就跌入失业的深渊。我看你不用看那部片子，就已经完全达到波音的用人标准了，你去吧，那最适合你。"

被朋友这样一番取笑，汪小白也意识到自己最近被杨波的情绪带偏了，必须得加以重视，做出改变，千万不能步他的后尘，万一搞得自己也天天纠结就"完蛋"了。

于是，当杨波又问出那句问过"一万遍"的话"你说会不会有问题？我觉得可能还是有问题，你觉得呢"时，汪小白的忍耐终于突破了极限，粗暴地回应道："我说不会有问题，唯一的问题就是你想象出来的问题，我觉得只要你不瞎想，根本就不存在什么问题。"

看着杨波顿时表现出满脸敌意的样子，汪小白话一出口也有点后悔了，觉得自己光想着不能被带节奏，没想到矫枉过正，说得这么不留情面，一下子搞这么僵，恐怕以后很难缓和了。

果然，自那以后，杨波对汪小白要么爱搭不理，要么直接怼回去。

现在彻底无法沟通，已经不是提问题的问题了，而是没有问题的大问题。

分析：我反对？！走近 6 号怀疑型

汪小白：我也知道他的工作态度是挺认真负责的，本来双方都是想把事做好，可也不知道怎么了，就闹到了这一步，好心塞。

老禅师：6 号的类型是怀疑型，凡事喜欢聚焦在风险性上。

出于担心，他会过于谨慎，而一旦被挑战，又会转化为激烈的对抗情绪。

汪小白：是呀，现在感觉我已然成为他的宿敌了。

老禅师：嗯，总把事往坏处想，很容易给自己树立一些假想敌。这个假想敌可能是被夸大的困难，也可能是被误会的同事。

汪小白：我就是被误会的同事啊，大师快告诉我如何做才能沉冤得雪。

老禅师：你也不算冤，你确实处理得不好，直接指出对方的问题，确实容易让对方产生敌意。

汪小白：大师说得对，我当时也是有点情绪化了。其实相处久了，我大概也能理解他那种过度谨慎的状态。在我看来不过是细节问题，在他看来可能就是项目会出大风险，如果无法解决，这个项目说不定会崩盘，也许这就是他的责任，他会不会被认为不专业，也许会影响绩效考核，甚至可能被开除？！

老禅师：行了行了，你这也太入戏了。不过确实演绎得还挺像，怀疑型的人是会想出一连串问题，即便问题发生的可能性只有万分之一。

汪小白：对吧对吧，你懂的，不全是我的问题。

老禅师：那可以试试用"双面呈现法"，把问题说在前面，先下手为强。

汪小白：怎样双面呈现，怎样先下手？都快被他搞崩溃了，大师快救救我！

老禅师：单面呈现法，就是只说优点和好处，不讲缺点和坏处；而双面呈现法，就是利弊都讲，会让对方觉得更真实、更放心。

汪小白：这倒是个办法，与其让他指出各种问题，不如我先主动把各种问题过一遍，再说解决方案和收益回报，欲扬先抑，这样似乎更有说服力呢。

老禅师：不错，学习得很快。不过也要注意对方的情绪和状态，可以采取不同的措辞方式。

汪小白：大师还有什么大招，求大师继续传授。

老禅师：哈哈，那再来了解一招"渐进法与反渐进法"吧。先卖个关子，容我后续慢慢道来。

解答：6 号怀疑型的心理模式

在工作争论中，大家都遇到过被一连串排比反问句"轰炸"的时刻。而如果面对一个经常丢这种"炸药包"，什么事都不太放心的"焦虑宝宝"，我们该怎样相处呢？比如，汪小白怎样做才能不被这位杞人忧天的同事杨波搞发火？下面就让我们走进 6 号的内心世界，看看他们是被什么纠结所填满的，帮他们整理干净。

用一句话点评 6 号的心理模式就是：世界充满各种不确定，我们必须随时做好准备。

案例:

除了爱问"十万个为什么"的杨波，我身边也不乏其他心怀各种忧虑的朋友。比如部门经理郭总，他的团队业绩已经很优秀了，却依然一刻也不敢放松，即便是给团队颁奖时的发言都语重心长，讲问题多于表扬，搞得像开批判大会。还有熬夜达人阿Wing，一个做实习编辑的妹子。其实她的工作压力并不算大，只是每天要见的访客有些多，她就总是反思自己的哪句话说得是否不得体、接待是否不到位。她本来住得远回家就晚，躺上床又会胡思乱想，于是脸上长年挂着黑眼圈。

谨慎的6号
预防风险才是成功的起点

■ 分析：6 号怀疑型的内心与外显

因为 6 号心中总是顾虑重重，没有百分百的底气，所以他们说话会比较含蓄。比如阿 Wing，即便是已经确认多次的事，她也很难说出"一定、肯定"这样的词，而她的口头禅是"会不会、为什么、不知道、等等吧、可能吧、我想一想"，这就是比较典型的 6 号的说话习惯。

此外，6 号虽然通常不太直接，但一旦受压，会突然变得强硬，极具攻击性。比如汪小白的同事杨波，平时是个碎碎念的"唐僧"，但也只是啰唆和纠结而已。但由于汪小白没有控制好情绪，粗暴沟通的结果就是，杨波瞬间反弹成"孙悟空"，后续的每次沟通都成了"大闹天宫"。只要和汪小白一有分歧，杨波就言语尖刻、不饶人，不留一点情面。

不过 6 号的优势就是，这种谨慎在工作中会避免潜在风险，让老板更为放心。比如，郭总之所以能成为部门经理，就是因为他考虑问题全面，老板相信把事交给他一定不会出错。但郭总走上管理岗位后，这种过度谨慎却搞得员工战战兢兢。居安思危没有错，但弦绷得太紧，事无巨细，既搞得自己压力过大，也搞得别人压力过大，容易适得其反。

实战：让"反对者"闭嘴的心理学技巧

6 号的内心顾虑会比较多，尤其在没有建立信任关系之前，说话容易拐弯抹角，或者言辞含糊。通过以上分析，相信大家对 6 号的特征已经有了初步了解，接下来我们可以进一步走进 6 号的内心世界，用更多的耐心打开 6 号的心门。

■ 6 号怀疑型的 Yes or No

- 稳妥第一。喜欢谨慎考虑，充满危机意识，不喜欢面对临时情况或被过于施压。

比如看似爱唱反调的杨波，其实在其主动提出反问的背后，是他对事情足够上心，才会对项目进行全面的考虑，所以当他被汪小白回怼时，他的情绪就会爆发。

- 相信忠诚与承诺。喜欢追求安全感，不喜欢轻易相信他人，但是一旦建立起信任关系就会对对方忠诚。

比如阿 Wing，很多时候都显得犹犹豫豫、没信心，但在很熟的朋友或恋人面前，有时又会表现得固执、任性，这是因为 6 号总是缺乏安全感，所以自我保护意识会格外强些。但是一旦建立起信任关系，他们就会完全相信对方，完全敞开内心，甚至有些孩子气。

- 需要对方的确定感。喜欢考验对方，以确认别人眼中的自己，不喜欢承认错误，有时反应过度。

比如郭总，有时他明知答案，还是故意考验下属，看对方的回答是否和自己了解的情况一致。这样虽然容易看出对方是否用心工作，但是也可能造成隔阂。虽然有同事委婉劝他这样的方式不好，但是郭总不太愿意承认这种方式对情绪的负面影响，总用"真金不怕火炼"驳回，还是依然搞半真半假的抽查，因此下属对他的评价褒贬不一。

忠诚的6号
做不到的事一定不会答应别人

■ 怎样提升 6 号怀疑型对你的好感度

明白了 6 号在意什么之后，我们可以遵循他们的心理习惯，让彼此之间的关系更进一步。

- 一起反复确认，会让 6 号更有安全感。比如，杨波的性格过于谨慎，那么可以在行动前和他一起沟通问题，再三确认风险，会增强他对你的信任感。

- 及时同步信息，按计划执行。比如，阿 Wing 在面对未知与变化时，会比其他人更容易产生各种疑虑与担忧，因此多向她同步工作进展，并且尽量不安排临时或仓促的工作，会让她更有信心。

- 留出弹性时间，一步一步来。比如，郭总做事格外小心，前思后想，就会比较纠结，那么在让他做决策时，可以选择缓慢、稳健的行动方式。不要给他太大的时间压力，留出弹性时间，划定好截止线，让他自行安排再答复，会进展更快。

同时，对于总是顾虑重重的 6 号，在沟通时不妨试试用"双面呈现法"，提前替他把顾虑说出来，也许对推进事宜会更有帮助。我们可以看看汪小白是怎样对杨波使用"双面呈现法"的。

九型小贴士

用上方的魔力词会更容易获得6号的好感

◆ 实战1：用"双面呈现法"，快速建立信任关系

汪小白：这个项目涉及一些新领域，有突破性，所以收益更高。但毕竟是新领域，所以确实会存在风险，肯定有些方面会有不确定性，这个风险就是……但好在咱们对风险已经进行了全盘的考虑和评估，并且做好了各种备案。所有的事肯定都是有利有弊的，机遇与挑战并存。筹备了这么久，只要大家按计划稳步推进，相信一定可以顺利达成目标。

杨波：是的，咱俩想到一起去了，我也是一直在担心有这个风险，但是反正大家都知道，那就一起客观面对，尽量把事往好了做。

面对杨波的习惯性顾虑，如果直说是他多虑，他反而越说"不想"就越容易去想,从而更加担心。那么,不如用"双面呈现法",主动说出事情的利弊,会让他感觉更真实、更客观,对你更为信任。

◆ 心理学技巧——双面呈现法

总结一下就是,一味推介事物的好处是"单面呈现",而利弊都说明,就是"双面呈现"。所有的事都有不完美的一面,如果只说优点不说缺点,会让人感觉不够客观。反之,在表述一件事时,同时说明优缺点,就会给人留下真诚的印象,更容易建立信任关系。举例而言,"这个同学德智体美劳各方面都很优秀"vs"这个同学各方面都不错,虽然偶尔有点粗心",后者会显得更真实,更有说服力。

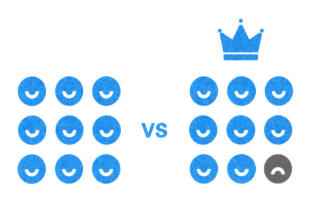

■ 怎样解决与 6 号怀疑型的冲突

由于 6 号在性格上会相对自我封闭一些，内心比较敏感，所以我们在处理和 6 号的矛盾时，需要更加小心，多照顾 6 号的情绪。可以采用以下三步来慢慢试探 6 号的边界，让他们在面对这些矛盾时能够舒服点。

- 第一步：当他们不想处理问题或退缩时，不要施加压力。比如，阿 Wing 在和朋友争吵时，会比较容易胡思乱想，这时候不要急于找她解决，否则她会认为你是在胁迫她。最好的方式是，主动表示想和她再解释一下，希望等她有空的时候再聊聊，但不要催促她，等她厘清思路后来找你沟通。

- 第二步：先不要发言，而是耐心倾听他们反复强调自己的顾虑和感受，并表示理解。比如，郭总在会议讨论中表现出愤怒时，可能会不停地"倾倒"各种质疑和问题，就算只有万分之一的可能性，他也会再三强调，甚至越说越生气。在他情绪失控时，不要反驳他，也不要指出他的顾虑过重或假设有误，而应该表达能够了解他的心情，理解他的烦恼，并且希望一起来解决这些问题，会让他更容易冷静下来。

- 第三步：当与 6 号交流时，要展现更多的温情与耐心。

比如，杨波是一个比较缺乏安全感的人，如果你能够主动表现出对他的真诚与关注，会更容易引起他的共鸣。当他情绪激动、敌意强烈时，可以尝试用"渐进法"，让你的表述更温和，帮他逐渐舒缓情绪，让他愿意沟通；当他陷入细节、纠结过多时，可以尝试用"反渐进法"，让你的表述更有力，让他觉得在这件事上可以依赖你。在不同的情境下，选择不同的沟通方式，让冲突消失于无形。

01 不要施加压力

02 耐心倾听 表示理解

03 展现更多的温情与耐心

◆ 实战 2：渐进法 vs 反渐进法，具体情况具体沟通

渐进法——如果对方的对立意识较强，可以尝试循序渐进、娓娓道来。

杨波：这个项目涉及很多新领域，我觉得不该这么快启动，后期可能有很多问题。

汪小白：是的，这个项目确实涉及很多新领域，我们之前也做了分析，考虑了各方面的因素，以及在风险发生时应该如何应对。经过全方位的考量，即便真的出现什么问题，相信我们也是可以解决的。所以，我们现在不必过于纠结，可以先迈出一步试试。

反渐进法——如果对方陷入细节、纠结过多，可以尝试一针见血、开门见山。

杨波：我也觉得项目应该启动了，但总觉得还是会有些问题。

汪小白：那就先启动项目再说吧，那些问题只是细节，现在不必过于纠结。这个项目涉及很多新领域，必然会出现一些不确定性，但针对可能发生的风险，我们之前已经做过考量了，所以即便发生，相信我们也是可以解决的。

◆ 心理学技巧——渐进法与反渐进法

从以上案例中可以看出，所有的主张都必须提出结论与论据。以什么样的方式提出论据，让对方接受自己的结论，这是沟通的核心问题。先列举论据，再推导出结论，这种心理学技巧就是"渐进法"。层层递进地说明理由，在对方进入对话状态后再提出结论，这种方式或许能够传达感情上的诉求，不过有时也会显得冗长，反而抓不住对方的心。

另一种方式则反过来，不采取循序渐进的说法，而是开门见山地提出结论，这种心理学技巧就是"反渐进法"。以简明的形式，一开始就说明结论，再逐一列举理由，有逻辑性地把想说的内容传递给对方。

根据沟通对象和沟通情境的不同，两种方式各有优劣，须视情况进行判断与选择。

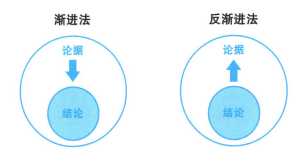

加薪必修课之第六课：怎样有效地提需求

我们在网上有时会看到"产品经理因为提需求，被程序员打进 ICU"的段子，这种情况当然很少会发生，但从中可以看出"如何好好提需求"这件事有多重要。而且，在实际工作中，"提需求"也是很多人日常要面对的事之一。如果你像汪小白一样，面对的合作者是一个特别容易对你的需求提出挑战的 6 号，那么你需要考虑是否有更委婉的方式，让你的需求更有效地被接受。你可以试试从下面几个方向努力。

- 找到对方所信任的朋友担任中间人，更容易建立信任关系。在讨论问题的必要性或重要性时，可以邀请对方所信任的伙伴一起参加，由他们所信任的人来帮你推荐或做背书，对方会更容易被说服。

- 言出必行，言行一致。接需求的一方在接到需求变化的通知时，难免会产生疑虑，降低对你的信任度。因此，如果有潜在问题要提前说清楚。不要随意改变说辞或调整策略，保持前后一致，只有这样才能让他们安心。

- 如果对方在心理上有抗拒意识，在提需求的时候，不妨放低姿态，以退为进。公事公办的态度会容易激发质疑者产生更强的敌对态度，而温和的说辞、友好的姿态更容易让对方为之所动。可以试试用"登门槛效应"，也许会奏效。

◆ 实战 3：用"登门槛效应"，让对方逐步接受

汪小白：我知道你忙呢，咱们能不能简单沟通下，就两三句话的事，等你抽空呗。

杨波：好吧。

汪小白：那现在行吗……就花五六分钟聊聊，快速说下呗。

杨波：那好吧。

汪小白：那边走边聊呗，我请你喝咖啡，边下楼边说，咱们走起。

杨波：也行吧……

实际上，从下楼到买咖啡再到喝完上楼，已经沟通半个多小时了，从两三句话到半个多小时，不知不觉中逐步提高要求，就是"登门槛效应"。在提要（需）求时，知道有可能被一口拒绝，就避免一步到位地提，可以先降低难度，低姿态地提出容易被接受的小要求，再逐步升级。

◆ 心理学技巧——登门槛效应

登门槛效应，又叫"得寸进尺法"，是指一个人一旦接受对方的一个小要求后，对于随之而来的另一个要求，会更可能一并接受。这是因为相比接受较大的要求，人们本能地愿意接受那些更容易完成的小要求。而针对这种心理，先提出更容易完成的小要求，一级一级慢慢登上门槛，再提出进一步的要求，循序渐进，让对方接受自己的真实要求，就是"登门槛效应"。

小要求	知道对方可以轻松完成，完全不会拒绝的要求
进一步	在小要求被接受后，提出略大一些但可完成的要求
再进一步	在对方接受后再提出更大的要求，更容易被接受

如下面这个例子。

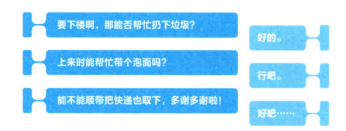

　　不管是生活还是工作，大家在日常场景中可以多尝试用这种方式去沟通。有些要求我们自己也会觉得对方接受起来可能比较为难，不一定能答应，或者不适合一步到位地提。当你面对那些你不好意思直接提但又不能不提的要求时，就可以用以上心理学技巧，先从低阶状态切入，再"得寸进尺"，会更容易被对方接受。

　　　为了前进，光靠行动还不够。首先，有必要了解应当朝哪个方向行动。

　　　　　　　　　　　　　　——古斯塔夫·勒庞（Gustave Le Bon）

第7章 怎样合理地"不靠谱"一下

有一个头脑简单的同事，确实能给枯燥的工作带来一些欢乐的气氛。但是如果欢乐过头，耽误了正事，甚至搞砸了项目，那估计就很难再有心情看他"耍宝"了。

就好像汪小白目前这种哭笑不得的情况，和九型人格中的7号享乐型的小伙伴做同事，很多时候只能是无言以对……

问题：她到底有没有听我说话

有一种郁闷，叫对方根本没发现你郁闷。

汪小白就遇到了这样一位头脑简单的"活宝"，蒋佳佳。有件事汪小白已经郁闷很久了，有意无意提过几次，但蒋佳佳似乎根本没察觉到，依然无动于衷。

蒋佳佳本来是隔壁组的。由于她经常干出一些突破群众想象力的行为，如在饭桌上拿领导的脱发问题开玩笑，在做正式述职的场合即兴表演说唱，在骑行活动中居然骑着电动车就来了……被大家一致评为"部门内的一股泥石流"。

她这种完全不知何为尴尬的坦率气质，再加上豪爽热情的性格，还是挺招小伙伴们喜欢的。蒋佳佳和汪小白上下班是同路，汪小白经常等她一起下班，和蒋佳佳这样爱搞笑的人聊天，两人能爆笑一路。

但万万没想到，由于一些架构调整，蒋佳佳被划到汪小白的组里了。

听听"泥石流"的段子还行，可一旦离"泥石流"太近，那就危险了。汪小白这个储备组长，没多久就发现这个队友在工作中有点不靠谱。考勤就不说了，上班经常迟到，开会从不记得把手机调成静音，布置三件事总能忘做一件，做的表格不是粗心算错就是分不清哪个是终版，总之就是"出门不带脑子"。

以前她在隔壁组，不必直面客户，而调到汪小白这个组以后，需要经常和客户打交道。刚开始，客户还是挺喜欢蒋佳佳的，觉得她挺热情；但时间一长，客户也发现她十分不靠谱，做事粗心，经常有始无终，和汪小白投诉了不止一次。

其实汪小白也明白，蒋佳佳不是故意的，也不是没有责任心，就是注意力不集中，思维跳跃，经常这件事还没做完就去想下件事了。不管手头上在做多紧急的项目，她不是一会找身边的人聊下天，就是跑去买零食、收快递，在电脑前根本没法专注超过半小时，实在是有些影响组内的工作热情。

因为两人的关系还是挺好的，天天一起上下班，汪小白提醒过她几次，她每次都说一定注意，但没两天就又忘了。汪小白觉得说太多也不好，而且自己也不好意思把话说太重，怕蒋佳佳觉得自己还没升职呢，就对朋友摆谱了，于是只好讲讲故事暗示一下。

"对了，我最近看小说，发现莫泊桑居然是福楼拜的学生。小说中说，莫泊桑小时候去拜师，福楼拜就问他：'你平时都是怎么安排时间的？'莫泊桑说：'2 小时读书写作，2 小时弹钢琴，3 小时踢足球，有时还会学修汽车、种菜，去烧烤店学烤烧鹅，那你呢？'福楼拜回答：'上午 4 小时读书写作，下午 4 小时读书写作，晚上 4 小时读书写作。'莫泊桑说：'那你不会别的吗？'福楼拜没有回答，而是问莫泊桑：'你有什么特长吗？有哪件事觉得做得特别好呢？'莫泊桑愣住了，答不上来，于是反问福楼拜：'那你呢？'福楼拜说：'写作。'你看，果然只有专注才能成事，人家每天花 12 小时只干一件事。"汪小白道。

没想到蒋佳佳的反应居然是："啊，每天要工作 12 小时，那他写什么小说啊，干脆去互联网公司加班得了。感觉还是莫泊桑更爽，既玩音乐又踢足球、修汽车，还会自己烤烧鹅。咦，你说他们法国人也有烧烤店，也烤烧鹅，那和咱们的烧鹅有什么不一样啊？要不哪天咱们找家法国餐厅试试。要不就这个周末吧，你有空不？"

话题跳转如此之快，汪小白都不知道该接什么了，而且对方完全不以为意。

汪小白知道这次点到为止的暗示，又可恶地失败了。面对如此头脑简单的"单细胞生物"，汪小白简直不知道该怎么办才好了。

分析：不靠谱？！走近 7 号享乐型

汪小白：唉，其实我还是挺喜欢和她一起玩的，可工作怎么搞？

老禅师：就算她这么不靠谱，其实你也生不起来气吧。

汪小白：好像是呢，郁闷，但知道她就是这么个人，也生不起来气。每次有点火时，她说话一逗，又被搞得哭笑不得。

老禅师：哈哈，是这样的。

汪小白：嗯，感觉她的脑子里有个转盘，上面有三个选项——

吃什么，去哪玩，什么时候下班。唉，我还能说什么呢。

老禅师：这就是 7 号享乐型，以自己的快乐为导向，总在追求新鲜有趣的体验，热情乐观、充满活力，但可能也是因为太有活力了，所以很难保持专注。

汪小白：对的对的，有时跟有多动症似的，思路总是一会跳到这，一会跳到那，每次沟通总要不停把话题往回拉。

老禅师：这是因为在她的思路里，一个议题讨论久了很无聊。可以试试用"蔡加尼克效应"，吸引对方的注意力。

汪小白：什么是"蔡加尼克效应"？它这么神吗？

老禅师：其实说来也简单，就是人们对已到手的东西、已完成的事情、已明白的问题，会很容易失去兴趣；而对未到手的东西、未完成的事情、未明白的问题，会更容易牵挂或不甘心。比如，有人有初恋情结，对被迫分手没有结局的对象会特别难忘。

汪小白：对，总觉得得不到的才是最好的。还有买包，在还没有买到之前，绝对是折磨……

老禅师：所以，在很多沟通中，可以用这个技巧。说一半留一半，可以让对方产生意犹未尽的感觉，从而认真听下去。尤其对好奇心强的 7 号，应该更为有效。

汪小白：受用了，下次试试。

老禅师：另外，像你说的怕话太重，难开口，那么可以在谈话的场合中，做一些加分，有助于缓和生硬的气氛。比如，邀请对方一起喝咖啡或品尝美食。人会容易将热饮或美食带来的愉快心情，和谈话对象联系起来，从而对交谈者产生好感。

汪小白：哇，这是个好办法。商务合作中经常会有一些半正式的午餐会，也是这个道理吧。

老禅师：是的，而且心理学调研表明，温度和香味会对人的心情产生潜在的影响。人在手捧热饮时会比手捧冷饮时更宽容、更专心。在有香味的环境中，更容易对他人产生良好的印象。

汪小白：嗯嗯，那我以后在传达坏消息的时候，就邀请对方一起喝咖啡吧，温度与香味俱全。希望在轻松愉快的环境下，可以"少拉些仇恨"。

老禅师：可以试试，但也不必过于担忧。真朋友之间的交往，不是要小心，而是要用心。

汪小白：是的，反正我是出于善意，懂的人自然懂，真要讨厌我，再小心也没用。

老禅师：嗯，凡事从本真出发，做自己，自然会所向披靡。

汪小白：是啊，像7号一样放飞自我，确实很有魅力，哈哈。

老禅师：你看，对7号就是生不起来气，是吧，哈哈。无论好坏，真实总是最有魅力的。

解答：7 号享乐型的心理模式

不管是在工作中还是在生活中，总有那么一两个"活宝"，不管他干出什么奇葩事，你都生不起来气，因为你知道他并没有恶意。就像汪小白面对蒋佳佳这位"快乐儿童"，心里只剩下两个字——服了。"天天就爱穷开心"，这就是享乐型的 7 号。那么，在职场中，如果我们遇到这种情况该怎么办呢？下面就先来摸清 7 号在想什么。

用一句话点评 7 号的心理模式就是：生命的意义在于追求有趣的体验。

案例：

像蒋佳佳这样随性的小伙伴，我们身边往往不乏其人。例如，做事三分钟热度的 Jojo，是我家楼下咖啡店的咖啡师。她的脑子里总能冒出一些有趣的想法，今天想去学个滑板，明天想去练个拳击，但是没有一个爱好坚持超过三个月。还有朋友圈里的"鸽子王"小新，聚餐、出游、约会，要不就是临时有事玩消失，要不就是最晚一个到……他也不是故意失约的，就是觉得这些都是娱乐，没太当回事，不用那么较真儿。

快乐的7号
生活就像TVB 最重要的就是开心

■ 分析：7 号享乐型的内心与外显

　　7 号作为享乐型人格，脑子里总是不断冒出新想法，因为他们想追求新乐趣。比如，汪小白和蒋佳佳这样经常是鸡同鸭讲的情况，是因为蒋佳佳根本就没仔细听。7 号就是对不感兴趣的事，无法集中注意力，说到后面的忘记前面的。当然，他们通常比较豁达，口头禅是"无所谓、算了、没事、可以啦、我觉得挺好、开心就好"。

快人快语的 7 号，说话会比较直接，有时甚至"语不惊人死不休"，没耐心，失控时容易偏执。比如，咖啡师 Jojo 之前也是待过写字楼，朝九晚五上下班过的，后来又当过翻译，搞过微商，开过宠物店，换过几个行业，一方面是因为做事没常性，另一方面就是经常跟老板顶撞，哪个领导都拿她没辙儿。

虽然经常让人感觉不靠谱，但 7 号通常很直率、真挚，没有什么复杂心思，比较孩子气。比如，虽然小新在聚餐、约会这些他认为没必要较真儿的事上总失约，但是一旦朋友遇到需要较真儿的大困难，他总是第一个出手相助，如背打篮球骨折的哥们去医院，还垫付医药费，重感情、讲义气。

怎样判断7号享乐型

着装	表情	言辞	情绪	行为
张扬型 时尚炫酷 引领潮流 随意混搭 表达态度	爽朗爱笑 表情丰富 面色红润 充满活力 开心时大笑 生气时瞪眼 不掩饰 喜怒哀乐都写在脸上	口无遮拦 语调欢快 说话直来直去 经常声调兴奋 言语惊人 善于调动气氛	活力满满 追求快乐 大部分时候情绪高亢 本能地逃避痛苦 受压时容易狂躁失控	自由享乐 刺激冒险 不迷信权威 没有层级观念 喜欢自由自在 追求新鲜事物 喜欢感官刺激 会放飞自我 有时很懒 贪图享受

实战：让"多动者"听话的心理学技巧

7 号的特征很明显，相信大家通过以上描述，应该很容易辨识出他们。7 号的心里就像装着一个万花筒，但这个万花筒的变幻规律并不是无迹可寻的。接下来，我们可以看看怎样能更好地在工作或生活中和他们相处。

■ 7 号享乐型的 Yes or No

- 追求新鲜。喜欢新鲜有趣的体验，不喜欢需要耐心和重复性的工作。

比如，Jojo 知道自己是个贪玩的人，很早就发现了朝九晚五的坐班不适合自己，于是果断结束白领生涯，尝试了很多其他自由度更高的职业。虽然总在换工作，但不可否认的是，Jojo 是个很有创意的人，即便当咖啡师，也会做出与众不同的泡沫拉花和特别的口味。

- 相信快乐第一。喜欢逃避痛苦，不喜欢被束缚，渴望无拘无束。

比如蒋佳佳，其实汪小白和她相处久了，私下聊到童年，才知道她的原生家庭并不幸福，父母很早就离婚了，她的童年回忆里都是父母争吵的画面。她不希望回忆那些不愉快的过往，她能茁壮成长到今天还得感谢这份粗犷的性格，不沉溺于往昔，而是享受当下的美好。

- 需要对方的共同参与。喜欢对方能充分肯定自己的乐趣，并一起体验，不喜欢被给予过分的压力。

比如，小新不光是朋友聚会"放人鸽子"，还有公司团建，也是能躲则躲，他觉得这样的场合不太放松。他最喜欢的是一个人自由自在，如说走就走的旅行或滑雪。当然，如果在旅行路上能遇上滑雪同好，那一起交流、一起喝酒，也是美事。

坦率的7号
哪怕是错的也比虚假的好

■ 怎样提升 7 号享乐型对你的好感度

我们已经看清了 7 号的心理模式，那么怎样和他们相处才能更快地使感情升温，就是我们接下来要探讨的话题了。

- 7 号喜欢愉快的谈话氛围。比如，在轻松的状态下沟通时，其实蒋佳佳很有个人魅力，并且富有感染力。所以，当你以同样愉快的状态回应她时，会更容易得到她的认同。7 号不喜欢过于严肃的交涉，如果有坏消息要告诉他们，可以尝试在午餐会时，或者用约他们喝咖啡的形式，这样谈话会更融洽。

- 恪守议程，在他们转移话题时，注意提醒并拉回议题。比如，老板发现 Jojo 的注意力无法长期集中，经常跳转话题。在与她谈话时，就明确列出需要解决的问题清单，再逐一讨论。当她跑题时，拉回议题，给出阶段性总结，可以有效地避免被她带跑题。

- 在确认意向后，要注意进一步确定细则。当沟通愉快推进时，7 号很容易表达一致意见，但往往不会想其中的漏洞。比如，小新也不是故意爽约的，有时是忘记那天还有其他事，但在出现漏洞时，他可能会推翻之前的决定，临时改约。因此，你可以在约定后，再提醒他一下，确认他是否遗漏其他安排。

九型小贴士

用上方的魔力词会更容易获得7号的好感

现在我们已经逐渐摸索到 7 号的思维方式，下面可以来试试，如果遇到不易开口的为难话题，怎样说才能更好地被接受。接下来，我们不妨以汪小白的身份实战一下。

◆ **实战 1：用"热咖啡技巧"，让关系快速拉近**

当话题不好开口或要传达坏消息时，可以试试放在餐桌上说，有助于缓和气氛。比如，当面对既是同事也是朋友的蒋佳佳，要告诉她绩效考核不太好时，可以试着邀请她一起喝咖啡，先铺垫下再展开话题。

汪小白：佳佳，请你喝咖啡是想和你聊聊啦。最近这个项目进展得不太顺利，客户觉得你有些粗心，所以这个季度你的绩效考核可能不太好。除了同事关系，咱们私下也是朋友，和你说这些，是希望你以后多注意点，再细心些。其实这都是一些小事啦，以后有什么问题，咱们随时聊聊，改天一起吃饭。

蒋佳佳： 好的，我以后会注意些。确实是我大意了，没想到你还请我喝咖啡，怪不好意思的。影响绩效考核也是正常的，是我自己的责任。这事我不会往心里去，咱们还是朋友。

◆ 心理学技巧——热咖啡技巧

一杯不起眼的热咖啡，就这样在不经意间发挥了"魔力"。这是因为，虽然每个人都希望自己尽量做出明智且理性的选择，但不可避免地依然会有感性的一面，温度、香味等外界因素会对人的内在心理产生影响。

耶鲁大学研究发现，温度会影响人的情绪。人们在手捧热饮时会更加慷慨且专心，而在手捧冷饮时，则效果相反。在谈话时，捧着一杯热咖啡，情绪上会更倾向于给予，而捧着一杯冰咖啡，情绪上会更希望索取。

另外，香味也会诱发人的心理感受。人们只要在有香味的场合，就容易对他人产生良好的印象。一杯热咖啡的香味，也许会缓和交谈者的情绪，让他更为轻松。

一起喝咖啡或吃午餐，借由热饮或美食带给人的舒适心情，在"气氛效应"的影响下，会让对方产生关联性的心理影响，将这种轻松愉快的感受和一起用餐的对象联系起来，从而对你产生良好的印象。

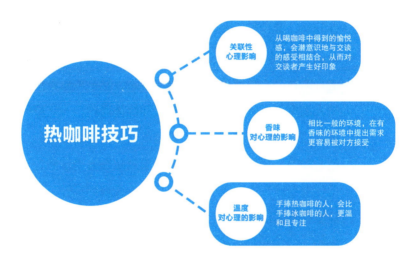

■ 怎样解决与 7 号享乐型的冲突

由于 7 号本身对不开心的场合有逃避的态度，那么当冲突已经发生时，怎样才能避免 7 号回避感受，引导他们和自己正向交流呢？可以试试下面这三步。

- 第一步：让 7 号先释放情绪、充分表达，再沟通你对他们的看法。比如，小新其实有点暴脾气，但是他的情绪来得快去得也快，当他暴怒时，打断或反驳他，会激起他的敌意。先让小新把话说完，再说出你是怎么想的，在他一吐为快后会更容易接受别人的意见。

- 第二步：描述 7 号推理的过程，认可 7 号的经验。比如 Jojo，当她遇到问题时，会习惯性地逃避，并将自己的逃避行为在内心合理化，一旦她自洽后，就不再愿意接纳别人的意见。所以，作为朋友在和她沟通时，一定要保证自己的情绪是稳定的，引导她阐述完自己的想法后，耐心和她一起复盘问题，让她感觉到你在努力理解她。即便有分歧，也包容和肯定她想法中合理的部分，这会让她更愿意分享。

- 第三步：沟通中态度真诚坦率，不加评判，给出开放式的意见。比如，蒋佳佳是个直来直去的人，以同样直接的方式对待她，会更容易让她知无不言。但是，最好要冷静，不加评判，否则会引起她的反弹情绪。可以试试用"Yes-and 技巧"，在出现矛盾时，肯定 7 号行为中合理的部分，对不合理的部分提出客观、开放的建议，会更容易让 7 号爽快接受，并敞开心扉。

◆ 实战 2：用"Yes-and 技巧"，让你的建议更动听

当谈话出现分歧时，可以试试用"Yes-and 技巧"，先总结对方的谈话要点，表达自己尊重的态度，再用"然后""而且"之类的词过渡，阐述自己的看法。

蒋佳佳：我觉得按这点预算，方案就只能做成这样，还有什么可改的。

汪小白：了解，你这也是基于预算，在可执行的范围内给出的方案。咱们可以先考虑可执行的情况，然后在这个基础上做些变通，在某些类目上做些删减，再根据费用情况调整整体方案。

蒋佳佳：行吧，那再试试。

◆ 心理学技巧——Yes-and 技巧

Yes-and 技巧，就是先总结对方的谈话要点，再以"然后""而且"等连接词进行过渡，在对方观点的基础上提出优化建议或补充意见，会让对方感觉被认同，从而更容易接纳你的建议。

Yes-and技巧

对方的主张 ＋ 然后　而且 ＋ 自己的主张

加薪必修课之第七课：怎样成功地引起注意

在职场中，我们有时会遇到自己在意和强调的事，对方却没当回事的情况。对方不是在听的时候心不在焉，就是没有记住。就像汪小白和蒋佳佳，你这边千叮万嘱，她那边无动于衷。那么，这是对方的性格使然，还是你的言语技巧不够导致的呢？

下面我们就以蒋佳佳为例，来试试怎样说才能更容易让对方听下去。

- 带着新信息或新想法，以有趣的形式提出，更容易吸引对方听下去。人都有好奇心，哪怕听到一个网络新名词，都会有点兴趣想去搜索一下。比如，蒋佳佳喜欢探索各种新的可能性，满怀热情，富有冒险精神。在与她谈话时，一开始就抛出一些她所不知道的新东西当引子，会很容易抓住她的注意力。

- 可在谈话中突出重点，或者多进行阶段性总结。比如，蒋佳佳思维跳跃，经常从一个话题跳到另一个话题。所以，在与她谈话的过程中，为避免时间过长使她走神，可以时不时回顾之前的沟通要点，做个阶段性总结，会让她记忆更深刻。

- 在面对问题时，要尽可能避免批评，以积极的态度引导。每个人在潜意识里都希望逃避责任，并害怕被约束。面对过于严厉的批评，对方很容易因为心底的抵触情绪而听不进去。比如，蒋佳佳甚至会产生反弹情绪，从而逃避或回击。因此，在与她沟通时，需要表达出你并不是追究责任，而是希望和她一起解决问题，会让她更愿意配合。

· 怎样成功地引起注意 ·

01	02	03
带着新信息或新想法，以有趣的形式提出，更容易吸引对方听下去	可在谈话中突出重点，或者多进行阶段性总结	在面对问题时，要尽可能避免批评，以积极的态度引导

此外，下面还会传授一个心理学小技巧，让你的需求或问题更容易被对方记住。我们这就来看看汪小白的实战吧。

◆ 实战 3：用"蔡加尼克效应"，让对方记忆深刻

汪小白：蒋佳佳，这个项目时间很紧，这周你要辛苦一下，下周一就要提报阶段性结果。这周一共要完成三件事，周三完成

策划案，周四拟出报价单，周五完成设计图。

7 号的注意力经常转移，比较容易忘事，因此不要一次性给出太多信息。巧用"蔡加尼克效应"，隐藏部分信息，提高 7 号的持续关注度，可以这样表述。

汪小白：蒋佳佳，这个项目时间很紧，这周咱们得辛苦一下，策划案、报价单、设计图在这周内都得完成，下周一就要提报阶段性结果了，所以这周三得先完成策划案。你专心把策划案搞定，其他的任务，周三再告诉你。

以上两种沟通方式，你感觉出来差异在哪了吗？这就是由"蔡加尼克效应"引申出的更容易被记住的谈话策略。

◆ 心理学技巧——蔡加尼克效应

"蔡加尼克效应"是由知名心理学家布尔玛·沃夫娜·蔡加尼克提出的，是指一般人会对已达成或已有结论的事情容易忘怀，而对中断或未完成的事情容易耿耿于怀。在谈话时，巧用"蔡加尼克效应"，抛出对方感兴趣的话题，但不急于把话说完，留下关键的悬念，会让对方产生意犹未尽的感觉。

 已完成

 未完成

已经不会有新变化或新发展，觉得无聊、麻木

好奇后续变化，意犹未尽、无法释怀

本我过去在哪里，自我就应在哪里。

——西格蒙德·弗洛伊德（Sigmund Freud）

第 8 章　怎样做一个超"耐撕"的人

在职场中，我们不仅要处理内部关系，还要面对外部情况。而当你面对一个气场强大、永远都是一副"扑克脸"的客户时，你是否拥有同样强大的内心，助你抵御外部高压呢?

没有困难的工作，只有勇敢的打工人。就好像汪小白遇到九型人格中的 8 号领袖型的客户，我们参考一下她该如何达到势均力敌的局面。

问题：为什么他一开口，我就怂了

每次和王扬开会，汪小白就有点发怵。

王扬是客户公司的代表，其实也就比汪小白大两岁，个头不高，长得白白净净，却有一种沉稳精干的气场，说话、做事都很果决。汪小白每次和王扬开会，不管准备得多完善，不管心里怎么给自己打气，只要被王扬那犀利的眼神一扫，就开始发慌。

尤其是每次王扬一开口，似乎总带着一种审讯的感觉，汪小白就心虚了。汪小白也很郁闷，自己根本就没做错什么啊，怎么就怂了呢？

小伙伴金晶帮汪小白概括说，也许这就是"甲方恐惧症"，具体症状是，明明对方还欠着你尾款呢，你却像欠着他一亿元。汪小白说，是也不是，一方面有王扬是甲方的因素，但另一方面感觉自己对其他甲方也没这样。

"设计的这个地方，为什么没按之前的要求来？"王扬问。

"抱歉，我们试了一下，那么做感觉不太合适，就改成这样了。"汪小白答。

"该不该改，应该我们这边来定，要改至少跟我们反馈一下吧。"王扬说道。

"不好意思，那我们要不再改回来吧。"汪小白卑微地说。

"你们不是说不合理吗，那改回来能用吗？还有，这个图什么时候能改好，拖了多少天了？有没有按之前的计划表来，太不靠谱了。"王扬一顿连珠炮似的发问。

"抱歉抱歉……"汪小白完全乱了阵脚，只能一味道歉，不知道该怎么解释。其实明明只是一个小问题啊，怎么被搞得这么心虚呢。

为此，汪小白甚至搜过"怎样才能提升自己的气场"这样的问题，结果却看到纪渻子为周宣王驯鸡的故事。说是当时流行斗鸡，周宣王让纪渻子帮他训练斗鸡。过了十天，周宣王问鸡训好了吗？纪渻子说不行，这鸡现在虚浮焦躁、沉不住气。又过了十天，周宣王又问，纪渻子还是说不行，这鸡现在还不够沉稳，听到响声就叫，看到影子就跳。又过了十天，周宣王再问，纪渻子说，不要急，火候还不够，这鸡现在还是有脾气，会瞪着眼睛怒视。十天之后，纪渻子将训好的斗鸡献给周宣王，说，差不多了，即便别的鸡打鸣，它也不会有什么反应。果然，待上了斗鸡场，周宣王的鸡看上去就像木鸡一样，不管对手如何又叫又跳，它都不为所动、沉稳如常，别的鸡都被吓跑了。

汪小白想，难不成气场强大就是呆若木鸡？下次见王扬的时候试试看，总之就是少说话，不解释，不动声色。

到了开会的时候，汪小白本来自我感觉准备得挺好，还在内心预演了整个提案过程，尽可能简明有力地汇报了进展。

结果，王扬用那熟悉的犀利的眼神一扫，面无表情地提了一个细节上的小问题，顿时一股不怒自威的气息扑面而来，汪小白又不由自主地习惯性慌张了。想着要镇定、要镇定，汪小白决定用"呆若木鸡"的技巧，于是简单说明了两句后，便不说话了。

没想到王扬看汪小白不说话，以为她这是不负责的态度，脸上便开始有点挂相，又进一步发问。汪小白犹犹豫豫地解释了两句，想着还是不要多说得好。

于是，王扬火更大了，直接开喷："你们这种态度，是不想改吗？！"声量不大，但言辞中透着一股冷冷的敌意。

汪小白本来强撑出来的底气立马烟消云散了，以往的怂劲儿又上来了，连忙解释道："不是不是，既然有问题，我们肯定要改，不好意思，这个地方是我们的问题，抱歉抱歉，我们以后一定多注意。"

会后，汪小白被小伙伴金晶一顿取笑："这就是你之前说的'呆若木鸡'、气场全开的技巧吗？底气就等于'呆鸡'吗？果然他一凶你，你就像只'呆鸡'。"

汪小白无力反驳，满脸尴尬。其实金晶的话也没错，明明自己很想表现得不卑不亢，可为什么一上战场就乱了阵脚呢？

分析：高气压？！走近 8 号领袖型

汪小白：其实可能就是性格原因吧！我不太喜欢跟人争论。

老禅师：算了吧，你就是怂。

汪小白：嘤嘤嘤，好吧，被大师看出来了，就是怂。

老禅师：好啦好啦，这是通病，不光是你，很多职场新人都会有些怯场。

汪小白：嗯，人在"职场"下，不得不低头。

老禅师：其实并不全是甲方、乙方身份的影响，可能还是你的内心不够强大，所以遇到 8 号领袖型这种内心极度强大的人，就显得格外怯懦了。

汪小白：8 号领袖型？那是什么样的？

老禅师：就是王扬这样的，8 号喜欢掌控全局，做事雷厉风行，沟通中会比较强势，甚至有时会显得冷酷无情、独断专行。

汪小白：对对，就是这种感觉，满满的"高气压"。

老禅师：其实不管再怎么强大的人，也会有柔软的一面。

汪小白：真的吗？但完全看不出弱点呢。

老禅师：即便英勇如阿喀琉斯，也会因致命的脚踵而殇，每个人心里都会有脆弱的地方。

汪小白：那倒也是。

老禅师：换言之，不管再怎么怯弱的人，也会有坚强、执着的一面。虽然你觉得自己是个"怂包"，但其实你也会有果敢的一面。比如，在那个任性的时刻，你不是也来了一场这样说走就走的旅行吗？

汪小白：大师好了解我啊，突然有些小感动呢。

老禅师：哈哈，不必感动，这就是"巴纳姆效应"。

汪小白：额，"巴纳姆效应"，那是什么……

老禅师：所谓"巴纳姆效应"，就是人们常常把通用的个性描述误认为是符合自己的描述。比如，一些星座、生肖运势描述，说"水瓶座"的你有时喜欢纠结，但最后还是能做出正确的决定。你觉得说的是自己，但其实每个人都有纠结的时候，也都有做出正确决定的时候。

汪小白：嗯，听大师一说，好像是这样呢。

老禅师：再如一些算命的说辞，说你整体运势不错，但偶尔也会遇到一些小波折。或者有人在路上突然拦住你说，你是不是最近正被工作或感情的事所困扰。

汪小白：是呢，乍一听好像挺准，但听大师一说，想想看，其实每个人都会有遇到波折的时候，而且现在生活压力这么大，也肯定容易有工作或感情上的不愉快啊。这样想来，算命这种话术，原来就是个心理游戏啊。

老禅师：是的，利用一些模糊、宽泛、双面的描述，来概括一个人的性格，人们就容易误认为与自己相符，认为是针对自己的总结，这就是"巴纳姆效应"。所以，如果能巧妙地运用这种心理效应，会让对方感觉被你看穿了自己的心，很容易将你引为知己，或者拉近彼此间的距离。

汪小白：嗯嗯，觉得对方了解自己，会更容易建立熟悉感。

老禅师：有了一定的好感度与熟悉度之后，心情也会随之放松了，不仅是对方会温和随意些，还有你自己，也不会那么紧张了。

汪小白：是的，那除了"巴纳姆效应"，还有没有其他方式，可以提升好感度呢？

老禅师：以你现在的低姿态，以及 8 号喜欢硬碰硬的模式，不妨试试用"得失效应"来一次"不打不相识"的谈话。

汪小白：听上去好像很厉害的样子，大师快教教我怎样做。

老禅师：不打不相识，简单来说就是正面硬杠一次。在某些细节上，拒绝他的提议或他提出的其他方向，一定不要表现出怯懦或动摇，展现出你同样果决的态度，这会让他有种英雄情结，英雄惜英雄，有可能让他对你刮目相看。而且 8 号的意志坚决，一旦被攻克，他就会是你永远忠实的客户。

汪小白：嗯嗯，虽然他是挺强势的，但其实我还是挺欣赏那种勇猛果敢的态度的，而且我也希望自己能赢得对方的欣赏呢。

解答：8 号领袖型的心理模式

通过分析以上状况，我们大概对 8 号有所认识了。那么，怎样做才能准确地识别 8 号，8 号有什么明显的特征，以及在和"高气压"的 8 号相处时，应该怎样说话和做事呢？接下来，我们可以拿着放大镜，进一步看清 8 号的内心。

用一句话点评 8 号的心理模式就是：想万无一失，首先要掌控一切。

案例：

其实从汪小白和王扬的 PK 中，我们不难看出 8 号总是自带着一种不怒自威的气场。比如欢姐，我的一位 HR 同事，负责招聘工作，面试时给人的感觉像审讯一样。她永远都是一副"扑克脸"，即便平时闲聊，也没人敢和她开玩笑。还有乐哥，公司楼下餐厅的老板，做起事来身先士卒，忙起来也帮着刷盘子、端碗，一点都没架子。但是如果有店员稍有疏忽，不按章程做事，他训起人来又铁面无情，一点不给人留面子。

负责的8号：我做的决定，我来承担一切！

■ 分析：8 号领袖型的内心与外显

8 号作为领袖型人格，往往喜欢掌控全局，如汪小白的客户王扬，当事情的发展脱离自己的预期时，也许会表现得有些强势，甚至急躁。如果一个人的口头禅是"为什么不、我告诉你、跟我走、看我的、不要这么想"，那么他有可能就是霸气十足的 8 号。

其实，8 号虽然看上去有些压迫性，但这并不是跋扈，他们只是喜欢直奔主题、追求效率，所以有时会难免急躁，但依然能在倾听后再做判断。比如乐哥，如果店员的建议或解释是有道理的，即便是指出他的问题，他也能够虚心接受。

8 号虽然不甘示弱，不怕冲突，但是其内心其实是宽容的，他们只是就事论事，并不记仇。比如欢姐，遇到能够坦率直言、势均力敌的面试者，反而经常打出高分，认为对方能扛住压力据理力争，说明心理素质过硬。

实战：让"老大"低头的心理学技巧

既然我们已经认识到 8 号是个不容忽视的厉害角色，那么如果这个人是你的客户，或者是你的老板，你该如何和这样强势的对象相处呢？

我们不妨进一步走进 8 号的内心世界，解析他们更深层次的喜怒哀乐。

■ 8 号领袖型的 Yes or No

- 追求权力。喜欢掌控全局，不喜欢轻易服输，能够不畏困难做出反击。

比如乐哥，虽然在店员犯错时，他训起话来看上去有点凶，但是一旦遇到不讲理的顾客欺负店员，他也能挺身而出，维护店员的尊严。所以，时间久了，店员也能感受到他是个好老板，只要在他设定的框架里认真执行，就不会有什么矛盾。

- 能够坚持原则。喜欢建立秩序，不喜欢流露感情，工作中冷酷无情。

比如欢姐，虽然人力资源部是容易传八卦的部门，但没有同事知道她的感情状况，工作中也没有人传出过她的任何负面消息。

虽然她看上去总是有点"生人勿近"的意思，但是因为她处事公正、善恶分明，校招期间能顶着出差压力，昼夜加班，以身作则，大家对她虽有些敬而远之，但同时内心也是服气的。

- 欣赏对方敢于表达强硬的态度。喜欢对方直率地指出问题，不喜欢唯唯诺诺。

比如王扬，其实他的职级并不是很高，但是每次开会都有一种"王者之气"，不知不觉中就成了会上的"C 位"。汪小白怵他，但汪小白的领导侯茜可不怵他。意见不一致的时候，两人也能争得面红耳赤。可没想到，王扬对侯茜的评价还挺高，觉得这样的狠角色，内心一定有底气。

在容易的与正确的之间，我选择后者

■ 怎样提升 8 号领袖型对你的好感度

初步了解了 8 号的喜恶，知道 8 号其实并没有那么可怕后，接下来可以进一步拉近与 8 号的距离。

- 直言不讳，给出清晰明确的信息。比如 HR 欢姐，其处事风格执着且果决，你需要给出同样直接的反应，是或否，这会让她觉得和你性情相投。

- 在面对问题时，要第一时间让他们知晓。比如餐厅老板乐哥，他习惯于掌控全局，积极面对压力。当你遇到问题时，即便解决不了，但只要在进程中主动、及时同步给他，让他了解全盘信息，就能很好地增强他对你的信任感。

- 提供反馈意见，避免奉承。比如王扬，他不需要附和与认同，不喜欢阿谀奉承。如果你能主动地给出客观的反馈，或者提出引发进一步思考的观点，会更容易赢得他的尊重。

客观　掌握　目标　结果　战略

九型小贴士

用上方的魔力词会更容易获得8号的好感

相信大家已经对 8 号有所认识了。那么，怎样做才能让看似"高冷"的 8 号温和起来呢？接下来我们就看看，汪小白在面对难搞的客户王扬时，如何做出积极的行动。可以用"巴纳姆效应"，把话说到对方心坎上。

◆ 实战 1：用"巴纳姆效应"，让对方将你引为知己

汪小白：咱们认识也有段时间了，其实我在工作上有点怵你，所以今天主动找你聊聊，咱们相互加深一下了解。虽然以往咱俩在沟通中有些磕磕绊绊的地方，但做事就是这样的，总有些不容易的地方，相互理解就好。其实我也是挺理解你的，虽然你有时比较强势，但也有温暖、细心的一面，大家都是为了把事做好，希望以后咱们能好好配合。

王扬：哈哈，其实我也没那么可怕，可能就是有时出了问题，有点急。但我说完就放下了，不会往心里去。干活的时候，我还是挺有耐心的。就像你说的那样，咱们都是为了把事做好，又没有什么深仇大恨，感谢理解，哈哈。

除了主动约谈王扬，汪小白又是如何在谈话中让对方产生惺惺相惜的感觉的呢？这里我们不妨深度解析一下前面提到的"巴纳姆效应"。

◆ 心理学技巧——巴纳姆效应

"巴纳姆效应"是由心理学家伯特伦·福勒通过实验总结出的一种心理学现象，是指人们常常把通用的个性描述误认为是符合自己的描述。这是一种心理错觉，所以福勒将这种现象以杂技师巴纳姆的名字来命名。他认为每个人都会容易相信一个笼统的描述，即便这种描述十分空洞，但人们仍然会认为它反映了自己的性格。

常见的如星座描述中的"你有热情开朗的一面，也有温柔细腻的一面"，或者算命时说的"你会为工作或感情问题而烦恼"。这些笼统的描述其实是所有人都会存在的情况，但我们在猛然听到时，却常常觉得这一描述符合独特的自己。

因此，在建立关系、谈论印象时，可以试试用"你这个人能动也能静"类似这样普适性的性格描述，可能会很有效。当你指出和对方表面性格截然相反的一面时，对方会觉得你了解他，从而在心理上与你拉近距离。

■ 怎样解决与 8 号领袖型的冲突

由于 8 号一旦发火就气场全开，所以在处理与 8 号的矛盾时，一定要格外小心，不能因为被对方的气势压倒，就被他在逻辑上带节奏。在与 8 号解决问题时，可以按以下要点做充分的准备。

- 第一步：不要在公开场合挑战 8 号，尽量选择一对一沟通。比如，乐哥作为老板，在意对权力的掌控，虽然他也欣赏直言不讳的人，但当店员在公开场合质疑他时，他会感觉到权力的丧失，从而产生抵触情绪。在沟通问题时，如果改为约他私下聊聊的形式，会让他放下戒备，从而更容易听取意见。

- 第二步：当 8 号暴怒时，避免使用指责的言辞与他正面冲撞。比如王扬，在问题激化时，他可能表现得专横傲慢。但他的怒气只是对事，你要理解他的压力，不要正面对抗，可以引导他先释放完怒火，再向他阐述你的观点，"我理解你说的问题，然而我们面对的客观事实是……"

- 第三步：直截了当、真诚坦率，切勿摇摆不定。比如，像欢姐这么强硬的面试官，会欣赏同样强硬的对手。也许她不一定接受你的观点，但摇摆不定的态度，会让她彻底否定你的形象。即便发生冲突，只要你能够不惧强压，毫不动摇，客观且坦然地坚持自己的立场，你就会赢得她的欣赏。

面对强大的8号，只有势均力敌，英雄惜英雄，才能得到他们的尊重。但在意见不一致时，如何沟通才能既表达自己的主张，又表现得客观得体，避免形成对抗呢？接下来我们就可以试试"Yes-if技巧"。

◆ 实战2：用"Yes-if技巧"，温柔扭转谈判局势

王扬：现在的效果根本没有达到预期，我觉得必须削减费用。

汪小白：根据之前的投入来说，现在的效果确实不够令人满意。目前来看，项目在时间上还允许，那如果我们试试再调整一下，在费用不变的情况下，我们再提交两版优化方案，看看效果再最终确定，好吗？

王扬：好吧，那再试最后一次吧。

◆ 心理学技巧——Yes-if技巧

当对方很强势，而自己的立场也无法让步时，尝试用"Yes-if

技巧"来争取对方的妥协，会更为缓和。用"Yes"先对对方的观点表示肯定，再将自己的方案，以"If"（那如果……的话，如何呢）的方式提出，寻求折中方案。

当谈判陷入僵局时，如果一味坚持自己的立场，双方都处于火药味十足的气氛中，就无法向前推进。因此，面对他人提出的意见，先从立场上表示理解"如果我是你，我也会这么想"，缓和对方的对立意识，再提出"那如果我们这么做……，是否可以做些尝试"，以假设的方式坚持自己的立场，提出建设性的意见，会更容易被对方接受。

加薪必修课之第八课：怎样才能保持气场

相信不少职场新人都会遇到的情况就是，一遇到强硬的客户，就容易紧张。不管自己表面上如何强装镇定，但内心早已开始瑟瑟发抖，尤其是遇到提案比稿这类重要场合时，在"钉子"客户的咄咄目光下，一开口声音还有些颤抖。

就像汪小白面对王扬，明明自己也没做错什么，为什么就是不敢接近他呢？其实，恐惧源于未知，因为你不了解他，所以才会担心激怒他。但是，如果你能熟悉对方的心理模式，趋利避害，掌控谈话节奏，你就能稳住自己的气场。

下面我们不妨以汪小白的"克星"王扬为例，剖析一下在和"高气压"对象相处时，怎样做能更好地建立信任关系。

- 尽可能在一开场就赢得认可，第一印象很重要。比如，王扬对于自己的观点会非常执着。在谈判开始时，你需要清楚地表达自己的观点，并表达出希望在他的支持下完成，尽量在客户心中树立正面印象。尤其是 8 号，一旦确定立场，就不会轻易更改。

- 不要轻易退让，有时反而会赢得尊重。像王扬这种性格强硬的客户，在他的价值观中，退让就等于软弱。在谈判中，你需要拿出同样自信的气场，当有意见不一致的地方时，坚持你的立场，也许他不一定认同，但会赢得他的尊重。

- 当矛盾激化时，可以坦然聆听，适当缓和。当对方暴怒时，你可以停顿一下，缓和节奏，先认真倾听他的想法。像王扬这种客户虽然脾气大，但他多半对事不对人，脾气来得快去得也快。坦然说出你的想法，甚至指出双方的问题，这种客观且真诚的态度会打动他。

了解了对方的心理模式，也知道建立强大、自信的职场形象很重要之后，接下来就要探讨如何做才能让自己显得更有气场。下面我们可以看看汪小白是如何用"得失效应"行动的。

◆ 实战 3：用"得失效应"，不卑不亢赢得尊重

汪小白：我们一定会用心做好这个项目，有任何问题可以随时和我们反馈，您的满意就是我们最大的追求。

而用"得失效应"，如果希望博得对方的好感，可以先故意采取严肃苛刻的态度，再偶尔主动表达关心，这会比一开始就采取友善的态度更能建立深厚的关系。前期可以先以公事公办的态度应对，后期再偶尔施以关心。

【前期平淡】汪小白：我们会做好这个项目，保持沟通吧。

【偶尔热情】汪小白：有没有什么不明白的地方，欢迎随时和我们反馈。

◆ 心理学技巧——得失效应

"得失效应"是由美国心理学家阿伦森通过实验验证的。他认为，他人对自己评价的改变，比原始评价本身更能影响自己对他人的态度。如果人们一开始收到的对方对自己的打分较低，之后逐渐在对方处得到高分，反而会比从始至终都是高分更容易对对方产生好感。因为在承受一次负面评价后，心理预期会较低，当再接受正面评价时，会觉得超出预期，从而表现出比实际程度更高的好感度。所以，平时板着脸、态度冷淡的人，只要在无意中流露出温暖的"傲娇"性格，就会很容易受到欢迎，这正好符合心理学理论。

· 得失效应 ·

先给对方负面印象，再适时表现出友善，由于反差效果更容易提升好感度

人类都有追求自我实现的需求。

——亚伯拉罕·马斯洛（Abraham Maslow）

第9章 怎样与"拖延症"一刀两断

现在，"佛系""躺平"这些词，不知不觉中成了职场中的热门词汇。如果没有经济压力，能够无忧无虑地生活，固然不必强求上进。但是如果面对降薪、裁员的艰难情况，自己是否还能稳坐写字台，这也是我们不得不客观面对的问题。

就好像汪小白的男朋友，九型人格中的9号和谐型，一个天生心宽的"慢性子"青年，在遇到这些糟糕的情况时，就是这样被动，也会手足无措，那汪小白该如何有效地鼓励他振作起来呢?

问题：这不是拖延，这只是纠结

"你这样拖着，问题永远也解决不了！"

面对安哥的又一次沉默，汪小白气呼呼地撂下这句话后，再也不想说什么了，用力地摔门而出。安哥果然没有追出来，汪小白也知道他就是这样的。

这是这两个月里他们的第三次争吵了。当然，这也不算争吵，很多时候只是汪小白的单方面宣泄，而安哥则习惯性地保持沉默。

安哥是汪小白先前公司的同事，长得高高帅帅，是一个安安静静的"美男子"。他不太爱说话，当时追汪小白时，也有点腼腆，没太主动，但因为平时乐于助人、与世无争，所以人缘好、口碑好，在公司群众的集体支持与积极撮合下，终于大功告成，追到了汪小白。

其实之前还是同事关系的时候，汪小白和安哥合作过一两次，觉得安哥的性格有些优柔寡断，做事总是有点拖拉，而且还有点"和稀泥"，不求有功，但求无过。但真的在一起以后，汪小白就觉得安哥什么都好，长得这么好看，还能对自己百依百顺。

可时间一长，汪小白又发现问题了，安哥不是只对自己顺从，而是对什么都无所谓。

汪小白："这个 Wi-Fi 特别不稳，你说我要不要换一家啊？"

安哥："随便。"

汪小白："那换还是不换啊？"

安哥："都行。"

汪小白："那你感觉怎么样，到底换不换？"

安哥："你定吧。"

"随便、都行、你定吧",这永远是安哥重复率最高的三句话。别看汪小白对外有点怂,对内还是一个挺任性的"小女王",所以有时虽然也觉得安哥有点没主见,但总体来说相处起来还是挺开心的,汪小白觉得有人能让着自己也不错。

本来两人还是好好的,但就从两个月前开始,情况逐渐有了微妙的变化。

汪小白和安哥之前在同一家公司工作,公司规模比较小,效益总是不太稳定,所以一年前汪小白就果断跳槽,还转了行业,而安哥却还是留在原公司了。

此后,汪小白也曾劝过安哥试试跳槽,在那家公司本身就看不到发展前景,行业趋势也不太乐观,在专业性上与他也不是很匹配,留在那里没什么前途。

但安哥总是犹犹豫豫的,一方面也觉得这份工作似乎不太适合自己,既不擅长也没多大兴趣,另一方面又觉得收入也还过得去,加上跟各个同事也挺熟,工作氛围还挺好,所以下不了决心离开。

汪小白几次劝说无果,后来也就不提了,反正这份工作也没太大毛病,既然安哥不愿意换,那就算了吧,尊重他的选择。

可今年经济形势不好,那家公司的效益一路下滑,已经降薪两次了,前两个月还传出可能裁员的消息。汪小白突然就紧张起来了,觉得安哥必须做出改变了,与其这样被动地等待随时可能来临的风险，不如当机立断赶紧找到下家。

于是，这两个月里汪小白开始频繁地催安哥换工作，矛盾也就随之而来了。

安哥似乎还是不紧不慢的，一方面好像也有些担心裁员，另一方面又心存侥幸，毕竟是多年的老员工，也不一定会裁到自己这儿来。虽说这家公司目前的态势不好，但整个行业趋势都在下行，换家公司也未必乐观。再说，如果换家新公司，万一跳到的又是一个坑里，自己去了又是新人，说不定更"悲剧"，也许还是这边更稳妥些。

汪小白听完就火大，说："你觉得这个行业不行，更要尽快转行才是啊，那就找个你感兴趣的行业，先面试看看吧。"

安哥又表示，自己不知道转什么行业好，再说面试总要请假，万一被发现，影响了现在的工作，处境更尴尬。所以，他迟迟没有行动，连简历都没怎么投。

结果跳槽这件事，一拖就拖了两个月，一直拖到这周，公司真的公布了裁员的消息，而被裁名单里居然就有安哥。

这次，不管安哥是愿意还是不愿意，都要面对这个结局了。而汪小白的不满也因此到达了顶点。其实最让她烦躁的并不是安哥失业这件事，而是安哥对待这件事的态度。他为什么总是这么被动呢？

"早就说让你准备跳槽了，非要等到这一刻才死心吗，为什么一点魄力都没有?"汪小白终于压抑不住自己的愤怒,冲安哥发了有史以来最大的一次脾气。

安哥一如既往地忍耐,以沉默作答。以往汪小白会把这份沉默当作安哥的宽容,可这次情绪上来了,这两个月的焦躁终于化为一记突兀的摔门而出。

分析:拖延症?! 走近 9 号和谐型

汪小白:想到还是挺伤心的呢,其实我知道我也有不对的地方,但实在是很烦……

老禅师:好啦,能认识到自己的问题,至少是解决问题的开始。

汪小白:嗯,我会反思自己的问题,但不知道他会不会反思他的问题。

老禅师:会的,其实 9 号的内心很敏锐,只是不爱表达出来。

汪小白:9 号?安哥是 9 号吗?那是怎样的?

老禅师:是的,他是九型人格中的最后一个类型——9 号和谐型,处世淡泊,超然物外,追求内心的宁静,所以给人的感觉会有些木讷迟缓、漫不经心。

汪小白：是的是的，安哥就是这样的感觉，有点得过且过。

老禅师：但好的一面是，与世无争，所以相处起来也会觉得他很真诚、很温柔。

汪小白：嗯嗯，安哥是挺温柔的，但就是太懒了，拖延症特别严重……

老禅师：嗯，9号是挺"佛系"的，哈哈，害怕改变，所以不求有功，但求无过。

汪小白：害怕改变，这就是安哥拖延的心理原因吗？

老禅师：也许吧，其实很多人都会有拖延症，但拖延的原因不一定相同。大概说来，造成拖延症的情绪因素主要有三种——失败恐惧、完美主义和懒惰情绪。

汪小白：是的，其实我也有拖延症，我都喊了一年要减肥了，但也没做出什么行动，每个月总想着下个月再开始。安哥可能是因为失败恐惧，我应该是因为懒惰情绪。

老禅师：嗯，不过拖延症并非不可战胜，可以试试用"巴甫洛夫定律"在大脑里形成反射性关联刺激，提高行动力。

汪小白：巴甫洛夫定律？

老禅师：或者说"巴甫洛夫驯狗法"，摇铃时就给狗送上食物，狗闻到香味会分泌唾液，当狗在大脑里形成习惯以后，就算没有食物，听到摇铃也会直接分泌唾液。

汪小白：额……虽然话很难听，但我大概懂了，就是在大脑里形成无条件联系，对吧。

老禅师：对，哈哈，总之就是在自己做出运动的正确行为后，就给予自己奖励，而没有按计划运动，就给出惩罚，久而久之，就会在大脑里形成关联习惯，有利于增强自律意识。

汪小白：哇，听上去我还有救！那安哥的拖延症也可以这样解决吗？

老禅师：可能相比表面上的拖延问题，安哥更多的是内心深层的原因，对自己没有信心，无法走出舒适区。

汪小白：舒适区？

老禅师：从心理学的角度讲，我们每个人都会有自己的舒适区、恐慌区、学习区。舒适区是我们熟悉的领域，就是我们见熟悉的人、说熟悉的话、做熟悉的事。与之相对的就是恐慌区，也就是我们不了解的领域，因为担心会出错、会失败，所以在那个领域会觉得不安。

汪小白：那对安哥来说，也许新的行业、新的公司，就是他的恐慌区吧。那为什么我也跳槽和转行了，却感觉还好呢？

老禅师：这是因为你在学习区做了顺利的过渡。每个人的舒适区和恐慌区都是不同的，但只要你能主动学习，把不了解的东西逐渐变得熟悉，甚至精通，那么你的恐慌区就会越来越小，随着你的能力不断提高，舒适区就会慢慢扩大。

汪小白：好希望安哥能走出舒适区，可总觉得安哥一副麻木的样子，每次说他，他都无动于衷，连还嘴的话都不说一句。

老禅师：没有说，不代表不知道，只是不想说。明知说了会伤害对方，又何必多言呢。很多时候，沉默也是一种智慧。

汪小白：所以有句话叫"看破不说破"，是吧。那这样看来安哥也许真是有大智慧吧，哈哈。

老禅师：但看破不是看淡，作为年轻人，还是需要一些勇往直前的魄力呢。

汪小白：那应该怎样做才能激发安哥主动迈入学习区的魄力呢？

老禅师：不如试试用"三环理念"，帮他找到自己的未来所在吧。兴趣永远是最好的老师。

解答：9号和谐型的心理模式

虽然现在"佛系""躺平"这些词已经成为网络热门词汇，但平心而论，这些词有时也许只是一种掩饰无奈的借口。而如果你遇到的是9号这种天生与世无争的和谐型，可能就不得不被这种天然淡定所"折服"，就像汪小白对安哥，不知道为什么总是"皇帝不急太监急"。

用一句话点评 9 号的心理模式就是：一切最好顺其自然，不求有功，但求无过。

案例：

即便身处于现在这样的高压力、快节奏的社会中，我们也依然会遇到几个"佛系"青年。比如，通过校招进入公司的应届生"宅男"阿典，负责商业策划工作。虽然他没车没房没女友，无猫无狗不运动，但他对生活现状非常满意，离下班还有 5 分钟时就开始盯着表，一到点就赶紧溜，周末加班——那是不可能的。还有同组的另外一个工作了三年多的商业策划丽娜，从创意到逻辑都很棒，对客户、对团队尽职尽责。领导决定提拔她当副组长，没想到却被她婉拒，理由是——现在只用做好自己的事就可以了，当副组长还得管好别人的事，太麻烦了。

■ 分析：9 号和谐型的内心与外显

其实，不求闻达于世，但求岁月静好，这就是 9 号流露出的天然特质。比如汪小白的男朋友兼前同事安哥，不管是生活还是工作，大部分时候给人的感觉是漫不经心、反应迟缓，他的口头禅是"随便吧、差不多呢、你说呢、你定吧、不知道呢、我尽力了"，这就是顺其自然的 9 号。

9 号在沟通时，很容易动摇，没有主见，很少发言，发言内容空泛、宏大。比如"宅男"阿典，上班总是一副没睡醒的样子，开会要么不吭声，要么就是你说东，他说西。即便有时脑洞大，做的策划案挺有创意，但因为害怕冲突，经常顺从同事的意见。

怎样判断9号和谐型				
着装	表情	言辞	情绪	行为
舒适型 柔软舒服 不起眼 偶尔有点邋遢 懒懒风	轻松敦厚 目光真诚 与世无争 人畜无害的"佛系" 表情 大部分时候漫不经心 但谈话时会真诚地 对视	语速缓慢 语调低沉 平稳温和 交流被动 容易附和 喜欢倾听 很少发表意见	宁静祥和 消极被动 尽可能避免矛盾 与争执 没有竞争心态 大部分时候心平气和 追求舒适轻松	不紧不慢 反复无常 做事之前比较纠结 做决定很慢 怕出问题 不想面对困难或争执 容易受他人影响

再就是 9 号在交流中比较被动，需要对方带节奏。这也是丽娜不愿意带团队的原因之一。一想到带团队还得约谈下属、维护客户、管理绩效这些麻烦事，丽娜就头大。问题找上门，她可以耐心、负责地解决，但是让她主动发现问题，或者找别人共同解决问题，她下意识就有点抵触。

实战：变身"行动派"的心理学技巧

从以上总结中不难看出 9 号的行为特性，9 号给人的整体感觉是比较慵懒、随和。那如果像汪小白这样，遇到的 9 号恰好是自己的同事或对象，天天要一起工作或生活，就很难说这是劫还是缘，有时很感谢他的这份随和，有时又被他的不求上进"气死"。

那么，要想驱动 9 号行动起来，需要走进 9 号的内心深处，看看他们的边界线。

■ 9 号和谐型的 Yes or No

- 追求和谐。喜欢以和为贵，无为而治，不喜欢争吵冲突，容易妥协或敷衍。

比如拒绝当副组长的丽娜，其实其专业能力在部门内是最强的，但是遇到另外一个有心竞争副组长的同事 Celine，她一开口，丽娜就不发言了。因为丽娜想避免争论，觉得一份工作而已，没必要吵得死去活来。

- 一切顺其自然。喜欢随遇而安，有些拖延，不喜欢主动追求。

比如，阿典不管是在工作中还是在找对象上，都没有太多进取心。他也不是没有谈过女朋友，就是天气热也懒得见面，天气冷也懒得出门，最后就被女朋友"甩"了。现在这个工作态度，领导也评价他脑子是灵光的，但主动性太差。试用期结束后，如果他再这样，难免要说"拜拜"了。

- 需要对方的主动引导。喜欢对方周到全面，把问题考虑清楚，不喜欢承担责任。

比如，安哥经常惹汪小白生气的一点就是，他不揽活儿，迫不得已揽了活儿也不上心，出了意外就想粉饰问题。出门旅行，都是汪小白一手操办，做攻略、订机票和酒店、看导航带路，指望安哥那是要"完蛋"的。偶尔一两件小事交给他，不是忘记就是弄错，有时还不承认汪小白交代过，把汪小白气个半死。

温柔的9号
将心比心 这个世界就会安静很多

■ 怎样提升 9 号和谐型对你的好感度

清楚了 9 号的喜恶之后，那么怎样和 9 号相处，才能让他们更容易对你好感倍增呢？可以遵循以下几个原则。

- 建立体系，将流程明确化。比如，丽娜喜欢一切井井有条、按部就班，在与她沟通时，将执行程序考虑周全，会让她更有安全感。

- 在面对问题时，要留意 9 号的沉默。比如，在有不同想法或出现矛盾时，安哥不容易明确表达否定或反对。因此，当安哥静默不语、保留意见时，要注意到他也许并不认同，需要引导他说出内心的想法，可以更好地拉近与他之间的距离。

- 让 9 号感受到你的全力支持。比如，阿典很容易纠结细节、犹豫不决。同时，他在意别人的意见，多方面的顾虑和纠结，有时也是他陷入拖延的一个因素。因此，表达出你的认同和鼓励，会让 9 号士气倍增。

九型小贴士

用上方的魔力词会更容易获得9号的好感

现在我们已经揭开了看似沉默低调的 9 号的神秘面纱，对于和 9 号相处的边界已有所了解。那么，如何不粗暴、不急躁地让 9 号按你的要求行动起来呢？下面不妨以汪小白为例，看她如何让安哥更自然地接受激励计划。

◆ 实战 1：用"巴甫洛夫定律"，不知不觉感化对方

　　汪小白希望督促安哥一起减肥。相比只是口头催促安哥努力，也许采用"巴甫洛夫定律"更有效：确定减肥目标，制订瘦身计划，将流程明确化，每天进行结果评估，并挑选出安哥最喜欢及最讨厌的东西，"仪式感"满满地实施对应的奖惩。

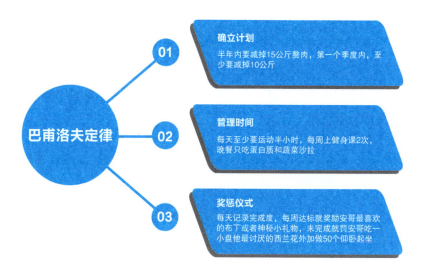

巴甫洛夫定律

01 确立计划
半年内要减掉15公斤赘肉，第一个季度内，至少要减掉10公斤

02 管理时间
每天至少要运动半小时，每周上健身课2次，晚餐只吃蛋白质和蔬菜沙拉

03 奖惩仪式
每天记录完成度，每周达标就奖励安哥最喜欢的布丁或者神秘小礼物，未完成就罚安哥吃一小盘他最讨厌的西兰花外加做50个仰卧起坐

◆ 心理学技巧——巴甫洛夫定律 vs 拖延症

　　拖延症，简而言之就是，明知道拖拉会有问题，依然把计划

要做的事往后推迟的行为。无法自我调节，长期处在这种"明日复明日"的状态中，很容易产生愧疚、焦虑、抑郁、失望的负面情绪。造成这种状态的根源，往往来自失败恐惧、完美主义、懒惰情绪这三方面。但拖延症并非不可治愈，运用"巴甫洛夫定律"分三步走，"修理"拖延症不愁。

巴甫洛夫定律，又叫条件反射定律，概括而言就是，两样本来没有任何联系的东西，因为长期一起出现，在其中一样东西再次出现的时候，便无可避免地让人联想到另外一样东西。这种条件反射是可以后天培养的，因此我们可以运用这种条件反射来培养自律意识。比如定期运动，当你每天完成一小时慢跑后，可以奖励自己一块喜欢的小饼干，在潜意识里培养运动就有令人愉悦的回报的意识。

确立计划	制定具体目标，并将其分解成可执行的任务清单
管理时间	依据任务清单，确定每天的工作量，督促自己每天至少完成一小步
奖惩仪式	当按计划完成时给予奖励，反之则进行惩罚，用奖惩仪式培养良性的心理习惯

■ 怎样解决与 9 号和谐型的冲突

从以上对 9 号的描述中不难看出，相比其他类型，9 号其实不太容易产生过于激烈的情绪冲击。但需要注意的是，9 号大多数时候是随和忍让的，但一旦压抑过度，形成反弹，9 号的怒意可能会"不鸣则已，一鸣惊人"。在解决与 9 号的冲突时，可以遵循以下三步。

- 第一步：以温和的方式接近，以简短的语句询问。比如，公认的好脾气"佛系宅男"阿典，当然也会有发脾气的时候，但他多半会以吹空调、吃冰棍儿、打游戏的方式自我消化。因为 9 号很少以激进的方式表达不满，往往是生闷气。当你感觉到他们的疏离、冷漠时，需要主动和他们解决问题，以友好真诚的态度询问他们的内心感受，同时用简明的问题引导他们明白问题所在，更容易促使他们梳理清楚自己的不满根源。

- 第二步：当 9 号宣泄完怒意时，耐心倾听并表示理解。9 号一旦开始倾诉自己的不满，可能物极必反，走向愤怒，甚至可能铿锵有力地全盘否定。但这种激烈的情绪对温和的他们来说并不好受，因此耐心倾听并表示理解，会让他们慢慢平静下来。比如，丽娜大部分时候都比较宽容，不计较得失。但有次加薪领导处理得确实有点偏颇，领导在解释时也有些急，而丽娜本来也算说服自己了，但由于对方一直在说，让她觉得很有压迫感，于是情绪瞬间就爆发了，最后不欢而散。

- 第三步：在与 9 号一起探讨解决方案时，不要让他们感觉到压力。当他们感觉到被尊重时，也会逐渐回归到平和的状态。比如，当安哥出现"无法走出舒适区"的问题时，如果汪小白能采取协商的态度，不要粗暴地争吵，告诉安哥其实每个人都有自己的恐慌区，但这并不是不可战胜的。同时，帮安哥一起回顾和复盘自己的优势，引导他找到自己的潜能，走进学习区，梳理出工作转型的计划，并尽量以具体化、可执行的方式表述，会更容易赢得安哥的积极配合和支持。

◆ 实战 2：舒适区、恐慌区、学习区的转化方式

上班写写文档，发发邮件，按部就班地做熟悉的事；下班看看网剧，吃吃零食，躺在床上刷刷朋友圈睡着。舒适区可能让我们沉迷其中，难以自拔。因此，走出舒适区需要勇气，需要意志坚决，需要做出改变，去创造、去超越，主动迈入学习区，并把学习区转化为舒适区。与其抱怨和指责安哥，不如和他进行深入的沟通，帮助安哥厘清思路，认识到内心的恐慌与长远的风险，鼓励安哥勇敢走出舒适区。

舒适区

认识到自己在现在的行业里，虽然很舒适，对手头上的工作也很熟悉，但整个行业处于衰减趋势，公司也不太景气，职位上没有上升空间，收入下滑

恐慌区

换到新的公司，甚至新的行业，由于面对的是未知，所以肯定心里会有些恐慌。但没有人生来就会，所有事情也都是从不熟悉变得熟悉的

学习区

在现有基础上，提高自己的专业技能，或者找到自己感兴趣的行业或领域，积极学习，为跳槽或转行做准备。知道得越多，内心会越有底气

◆ 心理学技巧——走出舒适区

刚才屡次提到的舒适区、恐慌区、学习区是什么意思呢？接下来就给大家具体解释一下。从心理学的角度来说，我们每个人对外部世界的认知感受，可以划分为三个区域。

对于每个人而言，各个区域的界限并不是绝对的。在舒适区，我们容易自我满足，不会对自己提出更高的要求；而在恐慌区，

我们容易没有信心，对各种不确定充满担忧。所以，如果能够主动、积极地迈入学习区，通过在学习区的成长，通过自我调整及不断提升，可以逐渐扩大舒适区，缩小恐慌区。

舒适区

处于舒适的环境中，和熟悉的人打交道，做的事得心应手，内心感觉安全舒适。但学到的东西很少，进步缓慢，一旦走出舒适区，会感觉到压力与不适

恐慌区

在自己完全不熟悉的领域里，或者没有信心应对的新环境中，时刻担心出问题，会感觉到焦虑、恐惧、无所适从。但通过逐渐接受、熟悉、上手，可以摆脱恐慌

学习区

介于舒适区与恐慌区之间，主动接触新鲜事物或勇敢面对未知领域。尝试探索未知的边界，挑战不可能，从而把恐慌区转换为舒适区

加薪必修课之第九课：怎样选择职业发展方向

我们常说，选择比努力更重要。你经常觉得心累，觉得徒劳无功，或者事倍功半，活干了不少，但钱也没有多赚。也许，不是因为你不够拼，而是因为你一开始就选错了路。

虽然大家每天都在上班，甚至经常加班，忙忙碌碌，似乎总有做不完的任务，但每个人都有可能出现茫然的时刻，不知道自己到底在做什么，为什么要做这些，做这些有什么意义，自己是否还能赚到更多的钱。

这些问题可能出现在你刚迈入社会的时候，也可能出现在你工作了几年，突然陷入瓶颈期的时候，还有可能出现在你已经熬成资深专业人士，却突然对自己重复已久的工作产生了新的困惑的时候。

其实很多后期的迷茫，是因为前期的随意。那么，我们该怎样做选择呢？

很多时候，我们越迷茫，就越被动。就像安哥，他本身并不是"烂泥"，只是情绪陷入了泥潭。那么，怎样选择一条适合自己的路，理性地做好职业规划呢？既需要客观地判断自己，也需要身边人的鼓励与支持。

我们不妨先看看汪小白是怎样引导安哥的，让迷茫的他逐渐稳定情绪，找到灯塔，从而在不抱怨、不评价、不指责的气氛里，同心协力地确定职业发展方向。

- 需要主导谈判节奏。比如，安哥会习惯性地逃避决策。对他来说，直面问题、做出决定，是很困难的事。那么，主动组织谈话，并且在开场时就表达出你的诉求，再依次展开各环节逐一确定，更有利于他做出判断。

- 需要引导对方说出诉求。比如，安哥容易忘记自己的立场，很容易受他人意见的影响，因此在谈判过程中分不清哪些是他该坚持的，从而妥协，但事后又有可能反复。引导他明确自己的诉求，平衡好双方的利益点，会更容易达成双赢的局面。

- 当出现矛盾，无法确定结论时，约定再次沟通的时间并征得对方的同意。比如，安哥习惯舒适平和的感觉，害怕承担压力，对命令有抵触情绪，因此尽量留给他一定的自由度，不要过于催促他，避免他感觉到被胁迫从而更不愿意面对。

境随心转，在平和的心境中，想想自己是否真的适合这份工作。早晨起床时，一睁眼想到今天的工作，是觉得虽然累，但是有奔头儿，还是累……并抑郁着。

如果是后者，那不妨考虑换个方向看看，重新评估一下脚下的路。

◆ 实战3：用"三环理念"，确定长远职业规划

就像安哥，与其在低落中纠结，不如试试对未来的职业发展做个新构想。评估职业目标，可以用"三环理念"，从专长、兴趣、价值三个方面进行考量，简而言之，就是确定一个自己喜欢又擅长且还能赚钱的职业发展方向。

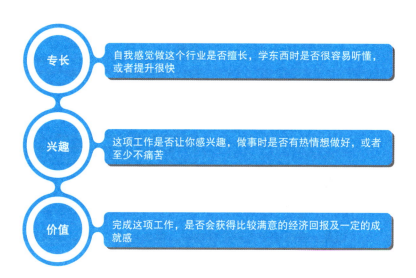

专长　自我感觉做这个行业是否擅长，学东西时是否很容易听懂，或者提升很快

兴趣　这项工作是否让你感兴趣，做事时是否有热情想做好，或者至少不痛苦

价值　完成这项工作，是否会获得比较满意的经济回报及一定的成就感

◆ 心理学技巧——三环理念

"三环理念"是由著名的管理学家吉姆·柯林斯提出的，即

核心竞争力并不是随意的简单观念堆砌，而是专长、兴趣、价值三要素的重合。无论是公司谋求长线发展，还是个人实现自我追求，都可以从这三个要素着手考虑，从而制定出更加行之有效的长远规划。

三环理念

① 专长
你对所要从事的职业是否有天赋。你比别人对这个领域更容易上手，能够更快地取得卓越的成绩，能够不断获得成功的喜悦，只有这样才能激励你持之以恒

② 兴趣
这个领域是否让你充满热情。你对这件事充满兴趣，在努力时并不感觉痛苦，在遇到问题时能够斗志昂扬地想弄明白。因为只有热爱，才能长期坚持

③ 价值
你所选择的事业是否会带给你相应的回报。当你持续努力并实现目标时，能够实现自我价值，获得利益。直接的利益，是自我驱动力的强大来源之一

因此，在制定个人职业规划时，要从专长、兴趣、价值三个方面进行考量，慎重选择行业，确定适合自己的目标，只有这样才会有激情持之以恒，提升加薪效率。

说了这么多，总结下来无非是那句老话，选择比努力更重要。也许你总是乐于在团队中充当"小透明"，或者每天忙忙碌碌却积虑重重看不清未来，抑或将各项任务做到中规中矩却求无功无

过，这些可能都是由于你对手头上的工作缺乏热情。

如果是这样，请先停止忙碌与焦虑，冷静下来，结合自己的专长、兴趣、价值，认真思考一下，现在这个选择是否真的适合自己。工作这件事，我们每天要花 8 小时以上去面对它，那么我们眼下的这件事，真的值得我们日复一日地去做吗？

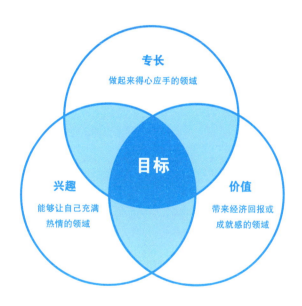

身体的疲劳并不可怕，如果做自己热爱的事，从早忙到晚也不会烦恼。就像莫扎特不会觉得弹钢琴烦，居里夫人不会觉得做实验累。在自己感兴趣、擅长且有价值的事上，我们就是会不知不觉地沉迷。真正令人疲劳的，是心累。

毕竟每天都要上班，我们不可能改变要上班的事实，但我们可以改变去上班的心情。选一条自己热爱的路，让每天的脚步轻快些。

唯一值得恐惧的，是恐惧本身。

——富兰克林·罗斯福（Franklin D.Roosevelt）

尾声　好好工作，好好睡觉

老禅师问："上了一天的班后，你最烦的是什么？"

不好伺候的老板？！难说话的客户？！还是复杂心累的同事关系？！

不，最烦的是想到这些问题，晚上睡不着。

汪小白表示，一天的班上下来，基本遭遇了以上所有问题，终于下班了，想逃避一下，在夜深人静时刷刷手机，结果越刷越烦躁，过了 12 点还入睡困难。

老禅师有云："不管白天能不能好好工作，都不能影响晚上好好睡觉。"

而现在社会，焦虑失眠成了大城市中"上班族"的通病。

那么，如何在一天的忙碌之后，放下焦虑，好好睡觉呢？

老禅师又云："不如来试试 Koru 正念助眠法。"

以上都是玩笑话，说说何谓正念才是正经事。

乔布斯、奥普拉、科比等都对正念的帮助表示过深切肯定，很多大公司，如麦肯锡、谷歌、高盛、Facebook，都在公司内设立独立的正念空间并引进正念课程。

正念是基于现代心理学与脑科学构建的脑、身、心训练方法，可构筑深度的内在平衡。

正念起源于 20 世纪 90 年代的美国，科学家们通过核磁扫描发现佛教的禅修冥想练习能够有效地训练脑部神经网络，从而改善情绪与健康状态，提升专注力与学习力。后经心理医学领域反复实践并改良，形成了正念训练体系，在心理、医疗、职场、教育等领域广泛应用。

目前，美国杜克、哈佛等多所大学已普遍开设正念课程，并设立正念中心。其中，Koru 正念中心是国际最具权威的正念研究与授课机构之一，发源于杜克大学，由知名心理学及精神学家霍莉·罗杰斯创立。

最后，录入一点点杜克的 Koru 正念助眠法，作为本书的尾声送给辛勤的打工人。关注微信公众号"无知先生"，回复关键词"助眠"，就能以音频的方式进入正念助眠的 10 分钟体验课。希望大家可以初步感知 Koru 正念的宁静，从而科学地睡上一觉。

在这里，特别感谢 Koru 培训中心的 Anna Su 老师，为本书专门制作这个简单轻松却又不失正统的正念入门体验课。

祝咱们每位打工人，在好好上班之后，都能好好睡一觉。